novum premium

Katia Ricklin

Ich realisiere, dass ich selbst alles realisiere

novum premium

Bibliografische Information
der Deutschen Nationalbibliothek:

Die Deutsche Nationalbibliothek verzeichnet diese Publikation in der Deutschen Nationalbibliografie. Detaillierte bibliografische Daten sind im Internet über http://www.d-nb.de abrufbar.

ISBN 978-3-903271-29-6
Lektorat: Bianca Brenner
Umschlagfoto: Katia Ricklin
Umschlaggestaltung, Layout & Satz:
novum Verlag
Innenabbildungen: Katia Ricklin (18)

Die von der Autorin zur Verfügung gestellten Abbildungen wurden in der bestmöglichen Qualität gedruckt.

Gedruckt in der Europäischen Union auf umweltfreundlichem, chlor- und säurefrei gebleichtem Papier.

www.novumverlag.com

Inhalt

VORWORT

Die glücklichsten Zeiten meiner Kindheit erlebte ich bei den Eltern meiner Mutter in Luzern. Beide waren Chirurgen und lebten zusammen mit Fräulein Lendi, der Praxishilfe, und Nina, die für den Haushalt zuständig war und auch kochte, in einer großen Wohnung mit eingebundener Arztpraxis. Wann immer die Großeltern nach Zürich kamen, stand ich mit meinem Köfferchen parat, um mit ihnen wegzufahren. Bei ihnen fühlte ich mich wohl und für voll genommen. Ich war ihr Sonnenschein und erhellte ihren arbeitsreichen Tag. Mein Opa war am Morgen immer in der Klinik und operierte, Omi war in der Praxis. Dort durfte ich mithelfen: In einer weißen Schwesternschürze mit einem kleinen roten Kreuz darauf öffnete ich die Tür und führte die Patienten ins Wartezimmer. Wenn Röntgenbilder gemacht werden mussten, hielt ich die Arme oder Beine des Patienten fest und half Fräulein Lendi, die Bilder in einem verdunkelten, umgerüsteten Badezimmer nach dem Entwickeln zum Trocknen an eine Leine zu hängen. Am Nachmittag nahm mich Omi zum Einkaufen oder zum Hundespaziergang am See mit, und vor dem Nachtessen füllte ich goldene oder silberne Blechdosen mit Spezialsalben und half, gewaschene Verbände wieder aufzurollen. Nach dem Essen ging ich mit Fräulein Lendi Zeitungen und Zigaretten für Opa holen.

Meine Omi erzählte mir viel von ihren Reisen und Erlebnissen. Sie war mit 17 Jahren in Bulgarien, wo sie aufgewachsen war, in den Orientexpress gestiegen, um in Frankreich Medizin zu studieren. Diese Offenheit für neue Menschen und Umgebungen, die sie mir „spiegelte", half mir in meinem weiteren Leben sehr. Doch nicht nur ihr Mut und ihre Abenteuerlust faszinierten mich, sondern auch ihre sensitive und spirituelle Art. Sie legte Karten und wusste im Voraus, wenn mein Bruder oder ich krank wurden. Es war eine ganz spezielle Atmosphäre in Luzern, und ich war rundum glücklich.

Als ich sieben Jahre alt war, endete diese wunderbare Zeit, da ich in die Schule musste. In der ersten Klasse war ich fast immer krank, denn ich hatte Nierenprobleme. Darüber habe ich später viel nachgedacht, und es wurde mir klar, dass ich nicht mehr in Harmonie mit mir selbst war. Jede Nacht wachte ich auf, weil meine Nase verstopft war und ich nicht mehr atmen konnte. Ich setzte mich dann auf und wartete, bis sich die Verstopfung wieder löste. Ich erinnere mich gut daran, dass ich mich jede Nacht fragte: ***Warum*** *lebe ich? Diese Frage hat mich über Jahre verfolgt, bis ich mit über 40 bereit dazu war, den Antworten auf die Spur zu kommen.*

An meine Schulzeit kann ich mich kaum erinnern. Es war eine Zeit ohne große Höhen und Tiefen. Die Eltern und Lehrer sagten vor, was zu tun und zu lassen war, und ich gehorchte.

Kurz vor der Matura brach ich mir bei einem Skiunfall ein Bein. Das brachte den Familienalltag für einige Zeit aus dem Gleichgewicht. Plötzlich war ich die Hauptperson, um die sich meine Eltern und Lehrer rührend kümmerten und mit der man sorgsam umging. Auch meine ziemlich schlechten Noten zählten nicht mehr, und ich bestand die Abschlussprüfungen problemlos. Heute bin ich überzeugt davon, dass mir mein inneres Baby, wie ich es oft nenne, mit dem Unfall geholfen hat, diese schwierige Zeit zu vereinfachen.

Ich war fast 20 Jahre alt und musste mich für eine Ausbildung entscheiden. Eigentlich wollte ich, wie meine Großeltern und mein Vater, Medizin studieren. Doch damals, 1967, herrschte allgemein die Ansicht, für ein Mädchen sei es sinnlos, ein Studium zu beginnen, da es ohnehin bald heiraten würde. Es gab ja in der Schweiz noch nicht einmal das Frauenstimmrecht …

Um mich von meinen Eltern zu befreien, entschied ich mich dazu, in Cambridge Englisch zu lernen und eine neue Welt und neue Menschen kennenzulernen. Nach einem halben Jahr kehrte ich mit einem Diplom als Englisch-Lehrerin nach Zürich zurück, eine Ausbildung, die ich mit einem Sekretärinnen-Kurs ergänzte, was mir später sehr half. Ich lebte wieder bei meinen Eltern, was noch schwieriger war als zuvor. Meine Mutter behandelte mich weiterhin wie ein Kind und dirigierte mein Leben, was ich mangels besseren Wissens zuließ. Ich hatte nicht die Kraft, mich gegen die gegebene Rollenverteilung zu wehren.

Doch dann ging mir ein Licht auf – eine Tür öffnete sich. Freunde meiner Eltern waren auf die Bahamas ausgewandert und luden uns ein. Wie wundervoll waren diese Tage: das türkisfarbene Meer, die weißen Strände, die Sonne und die Wärme – all das durchflutete meinen Körper und meine Seele. Es war „next to paradise“, und ich war glücklich wie schon lange nicht mehr. Ich fühlte mich zu Hause angekommen, und es wurde mir bewusst, wie das Leben sein kann. Owanta und Ejnar waren liebenswert, fröhlich und nahmen mich schon beim ersten Hallo in die Arme. Obwohl sie im Alter meiner Eltern waren, wurden sie zu echten Freunden. Wieder einmal unterstützte mich mein Inneres, diesmal dabei, Liebe und Zuneigung zu empfinden. Von da an reiste ich wann immer ich konnte – es waren sicher 70 Mal – zu ihnen. Ich war ein Teil der Familie, und sie nahmen mich überallhin mit. Ich lernte, Fische zu fangen, sie auszunehmen, Boote und Trucks zu fahren und Palmen oder Seerosen zu pflanzen. Es war wie früher bei meinen Großeltern: Ich fühlte mich akzeptiert und wertvoll.

Zu den zwei Kindern von Owanta und Ejnar habe ich noch immer eine tiefe Verbundenheit.

Ein Jahr nach meinem ersten Bahamas-Urlaub heiratete ich einen Mann, den ich zwei Jahre zuvor in Zürich kennengelernt hatte. Ich wusste bereits bei der Hochzeit, dass er nicht mein Traummann war, aber er bot mir die Chance, mich von meinen Eltern zu lösen und erwachsen zu werden. Wir zogen für ein Jahr in die USA und wohnten eine Stunde von New York entfernt. Dorthin fuhren wir fast jedes Wochenende, vor allem, um einen Schweizer Freund zu besuchen, der schwer krank war und sich jedes Mal freute, wenn wir kamen. Ich gewann ihn sehr lieb und eine tiefe Verbindung entwickelte sich zwischen uns. Der Abschied nach einem für mich sehr lehrreichen Jahr fiel mir äußerst schwer, ich „wusste", dass es kein Wiedersehen geben würde.

Unsere nächste Station war München, wo mein Mann die Firma seines Vaters leitete. Ich war wie in Amerika Hausfrau, und bald fehlte mir die Herausforderung. Mein erster eigener Hund und ich machten zweimal am Tag lange Spaziergänge, dazwischen waren Waschen, Bügeln, Einkaufen und Kochen angesagt. Da kam zu meiner großen Freude Mikki, die Tochter von Owanta und Ejnar, nach München und wohnte bei uns. Sie erhellte mein Leben. Sie war wie ihre Eltern eine gute Zuhörerin – mit ihr fiel es mir leicht, mir meiner inneren Wünsche bewusst zu werden und sie auszusprechen. Ich wollte nicht im selben Rollenverhalten enden, wie ich es zu Hause gesehen hatte: Der Mann ist der Chef, und die Frau darf ihre Talente nicht ausleben. 1974 wagte ich es, mich scheiden zu lassen.

Mit diesem Schritt, der für meine Eltern und unseren Freundeskreis unerklärbar war, begann ich, auf eigenen Füßen zu stehen. Ich bekam eine untergeordnete Stelle in einem Familienbetrieb, der mit Sportartikeln handelte. Bald übernahm ich anspruchsvollere Aufgaben und nach einem Jahr war ich „Co-Chef" an der Seite von Robert, meinem Partner und Freund. Ich wirkte nun nicht mehr im Hintergrund, sondern übernahm den Verkauf einer Ski- und Tennis-Kollektion an Sportgeschäfte in der ganzen Schweiz. Jeden Frühling und Herbst gab es eine neue Kollektion, aus der meine Kunden die Modelle auswählten und Farben und Stückzahlen bestellten, die sie ein halbes Jahr später in ihren Geschäften anboten.

Ich kann mich gut daran erinnern, wie nervös ich am Abend vor meinem ersten Auftritt anlässlich der Sportartikel-Messe in München, einer für mich noch fremden Verkaufswelt, war. Am Nachmittag hatte ich die Kollektion, Skihosen und Skijacken, zum ersten Mal gesehen und einige kurze Erklärungen von meinen neuen Kollegen, die für andere Länder zuständig waren, erhalten. Anhand von Skizzen lernte ich vor dem Schlafengehen die Namen der Kollektionsmodelle und die Preise auswendig, um am nächsten Tag meinen Kunden gegenüber informiert zu sein. Es lohnte sich – die Kunden waren begeistert und gaben mir mit Freude Termine, um später in der Schweiz zu bestellen. Schon in dieser ersten Verkaufssaison schaffte ich es, die Vorjahreszahlen um 400 % zu steigern. Es war mir damals schon klar, dass das Resultat auf dem Papier nur ein Teil des Erfolgs war, denn zählen würde erst der Abverkauf im nächsten Winter. Auch der war erfolgreich, und so ging es jahrelang weiter.

Ich kann nicht sagen, woher es kam, aber ich „fühlte", ja wusste, welche Modelle und Farben gut verkauft werden würden. Ebenso wusste ich aus der Beobachtung der Kunden, welche Endverbraucher diese hatten. Und meine Kunden übernahmen meine „Vorahnungen", kauften entsprechend ein, verkauften sehr gut, und wir alle waren glücklich. Wenn ich heute von dieser Zeit erzähle, dann strahle ich immer noch vor Freude und Glück.

Es war eine lange, intensive und arbeitsreiche Zeit, in der ich mich vom grauen Mäuschen zu einer wichtigen Person entwickelte, was mir sehr viel Spaß bereitete. Natürlich gab es keine freien Abende und Wochenenden mehr, an denen ich mir etwas Abstand hätte gönnen können, und außerhalb meiner Geschäftstätigkeit hatte ich keine Freunde. Doch ich vermisste nichts, denn drei- bis viermal pro Jahr besuchte ich meine Freunde auf den Bahamas und hatte eine paradiesische Zeit.

Eines Tages starb meine geliebte Omi. Als ich die Nachricht bekam, weinte ich und war sehr traurig, bis mich plötzlich eine innere Stimme fragte, warum ich denn weine und warum alle meine Gedanken mit „ich" beginnen: Ich werde sie nie mehr sehen. Ich fühle mich schlecht, weil ich sie der Arbeit wegen vernachlässigt habe. Ich kann nie mehr etwas von ihr lernen usw. Ich fragte, was ich für Omi tun könnte, und die Stimme sagte, dass ich sie mit positiven Gedanken auf ihrem Weg in eine neue Dimension begleiten und stärken sollte. Ich fühlte mich erleichtert und mir wurde bewusst, dass Omis Spiritualität schon immer in mir war. Das erklärte auch meine „Vorahnungen" bezüglich der Erfolg versprechenden Modelle für meine Kunden.

Am Tag nach Omis Tod fand ich in einem Warenhaus das Buch, welches mich lehrte, die französischen Karten zu lesen, wie Omi es immer getan hatte und wobei sie eingeschlafen war.

Die intensive Arbeit mit den Karten brachte viel Unbewusstes ans Licht, und mir wurde klar, dass es „hinter", „über" der Realität etwas anderes gibt und dass das Leben einen Sinn hat.

Etwa fünf Jahre nach Omis Tod kam Gerda in mein Leben. Sie war sehr „speziell", anders als alle, die ich je getroffen hatte. Sie pendelte für sich und ihre Kunden, sah Dinge voraus, die sich hin und wieder materialisierten, und bewegte sich mehr in geistigen als in realen Welten. Beim ersten Treffen sagte sie mir, dass ich dieselben Fähigkeiten wie sie hätte und diese unbedingt mehr nutzen sollte. Ich intensivierte das Karten-Lesen, was meine Einsichten in die „andere" Welt vertiefte. Viele Jahre lang begleitete und unterstützte Gerda mich auf meiner Suche nach Antworten auf die Frage, warum wir leben.

1984 war ein sehr bewegtes Jahr. Im Januar brannte eines unserer Lager ab, was die Firma in finanzielle Engpässe brachte. Im Mai überschlug sich Roberts Racingboot bei einem Rennen auf der Seine in Paris, und er brach sich einen Halswirbel, wodurch er für fünf Monate ans Bett gefesselt war. Plötzlich hatte ich allein die Verantwortung für 30 Angestellte und 17 Lieferanten, die ich besuchen musste. Daraus ergaben sich spannende Reisen in neue Welten, unter anderem nach Südkorea und Hongkong.

Zu dieser Zeit lernte ich auf den Bahamas einen amerikanischen Piloten, Dave, kennen. Wenn er nicht mit seinem Boot unterwegs war, wohnte er auf einer kleinen Insel, auf der sich gerade mal fünf Häuser befanden. Eines Abends waren wir bei seinem Nachbarn eingeladen, einem Amerikaner namens Frank. Im Eingangsbereich seines Hauses hing noch immer der rote Schlapphut des Vorbesitzers. Frank erzählte uns, dass er und andere (nur Männer) diesen immer wieder mit seinem Hund, beide schon längst gestorben, in der Dämmerung am Strand spazieren gehen sahen. Jedes Mal war am nächsten Morgen der rote Hut nass und eine Wasserlache am Boden.

Eine andere Geschichte erzählte mir Dave: 1972 stürzte ein Flugzeug der Eastern Air Lines in den Everglades ab, und viele Menschen, unter anderem ein Techniker, starben dabei. Dieser Techniker erschien in der Folge als „Geist" im Cockpit anderer Flugzeuge der Eastern Air Lines, machte die Piloten auf technische Probleme aufmerksam und forderte sie dazu auf, schnellstens zu landen. Seine Stimme wurde jeweils mit dem Voice Recorder im Cockpit aufgenommen und war identisch mit der des Technikers, als er noch lebte. Derselbe Techniker erschien auch in einem Flugzeug der Delta Air Lines. Dort erschien sein Gesicht im Backofen, der aus der abgestürzten Maschine in dieses Flugzeug eingebaut worden war, und seine Stimme teilte den Stewardessen die Warnung mit.

Gleichzeitig las ich in der Zeitung eine weitere „unglaubliche" Geschichte. Auf einer geraden Strecke einer Autobahn häuften sich Unfälle mit unzähligen Toten. Ein junges Mädchen, das einen solchen Unfall als Einzige überlebt hatte, erzählte einem Reporter, plötzlich sei ein Fuhrwerk wie aus dem Nichts vor dem Auto aufgetaucht, darauf saß ein alter Mann und fuchtelte mit einer Heugabel. Der Vater sei auf die linke Spur ausgeschert, woraufhin der Unfall passierte. Der Reporter forschte weiter und fand heraus, dass der Markstein eines längst verstorbenen Bauern nicht richtig gesetzt worden war. Die Behörden regelten, dass der Markstein umgesetzt wurde, und es gab keine Unfälle mehr …

Diese mystischen Geschichten, die sich mir zu jener Zeit zu eröffnen begannen, gaben mir einen weiteren Schub, mich noch intensiver mit der Frage nach dem Sein und der Wirklichkeit zu beschäftigen.

Meinen Job machte ich mit sehr viel mehr Gelassenheit noch vier Jahre weiter, wobei sich auch hier plötzlich merkwürdige Erlebnisse manifestierten. Mich machte Roberts Art, sich fast ganz aus dem Geschäft zurückzuziehen und die Mitarbeiter ständig zu kritisieren, mehr und mehr sauer. Ich entwickelte eine Lust auf Zitronen, die ich über jedem Gericht auspresste. Nicht viel später bekam ich einen schlimmen Ausschlag im Gesicht, den weder ich noch sonst jemand erklären konnte. Erst zwei Jahre später fand ich heraus, dass es die Zitronen sein könnten. Ich ließ sie weg, und der Ausschlag war wie weggeblasen. Wieder einmal hatte sich mein Inneres gegen disharmonische Situationen im Außen gewehrt – ich war innerlich allergisch, die Allergie war die Folge.

1988 sollte ich wie jedes Jahr auf eine Sportmesse nach München und getraute mich meiner Verantwortung wegen nicht Nein zu sagen. Eine Woche vor der Messe „materialisierte" ich eine schwere Lungenentzündung, die mich dazu zwang, zu Hause zu bleiben und mir bewusst zu werden, dass ich kündigen musste. Wenn man lange in einer Firma verwurzelt ist und seine ganze Energie für sie einsetzt, ist der Schritt der Kündigung kein Spaziergang. Aber die Zeichen meines Körpers waren so heftig und alle äußeren Gegebenheiten, die mit der Firma zu tun hatten, so unstimmig, dass ich nicht zurückkrebsen wollte. Ich kündigte und öffnete mich für neue Erlebnisse.

Ein neuer, frisch geschiedener Mann, mit dem ich eine intensive, kurze Beziehung hatte, kam in mein Leben. Er hatte zwei Töchter, mit denen wir viel erlebten und auch oft über ihre „Probleme" sprachen. Der Kontakt zu ihnen und den Kindern meines Cousins war der Anfang meines guten Verhältnisses zu Kindern, die noch heute bei mir ein und aus gehen. Ihre Realität ist nicht so stark auf das Materielle fixiert, Verständnis und Respekt nehmen einen viel größeren Stellenwert ein. Sie zappen am Fernseher herum, ohne zu unterscheiden, ob das Gesehene „wahr" oder nur eine Geschichte ist. Kinder sind noch sehr frei, erst nach und nach gewöhnen sie sich an die Regeln der materiellen Welt und übernehmen sie.

Zu jener Zeit half ich auch oft Menschen verschiedenen Alters, die Probleme hatten, und benutzte dazu als Hilfsmittel die Bachblüten und die Tarot-Karten. Interessant war, dass sich alle beim Gespräch, beim Erkennen der Probleme durch die Texte der Bachblüten und der Karten veränderten.

Einmal saß ich mit meinem Freund auf dem Balkon und las in einem Buch, dass an jedem Problem eines Menschen die Eltern schuld seien. Die Aussage machte mich hellhörig – seit über 40 Jahren war meine Nase verstopft, und ich hatte immer einen Spray bei mir, um Luft zu bekommen. Ich versuchte mein Problem in Zusammenhang mit mir und meinen Eltern zu bringen und erinnerte mich, dass ich mich in meiner Kindheit nie zu sprechen getraut hatte. Meine innere Stimme sagte mir, dass ich von nun an Luft holen und meine Meinung und meine Wünsche laut aussprechen sollte. Vor dem Einschlafen sagte ich die Worte: Ab morgen ist meine Nase offen. Ihr werdet es nicht glauben, aber meine Nase war vom nächsten Tag an offen! In der Folge musste ich sehr darauf achten, nicht ins alte Fahrwasser des Schweigens zu fallen, sondern mutig zu mir zu stehen.

In den nächsten Jahren beschäftigte ich mich mehr und mehr mit Tarot, Kristallen und Bachblüten – alles Hilfsmittel, um mehr über das „Dahinterliegende" zu erfahren. Auch Rückführungen schienen mir spannend – ich erkannte jedoch schnell, dass sie mir den momentanen Ist-Zustand aus einer anderen „Sicht" zeigten, um mich aufzuwecken, um mir bewusst zu machen, was in meinem Leben nicht mehr „stimmig" war, damit ich etwas veränderte.

Und dann passierte wieder etwas „Merkwürdiges": Ich nahm an einem Meditationskurs teil, der während zehn Wochen jeweils am Mittwochabend stattfand. Dazwischen reiste ich für zwei Wochen auf die Bahamas. Wir vereinbarten, dass die Kursteilnehmer mir am ersten Mittwoch etwas telepathisch „sendeten", und ich ihnen am zweiten Mittwoch. Meine Enttäuschung war ziemlich groß, als ich nichts „empfing". Auf dem Rückflug hatte ich einen längeren Aufenthalt in Miami, wo ich in einer Flughafenbar die Zeit absaß. Fünf Minuten vor dem Aufruf, dass die Maschine zum Einsteigen bereit sei, hatte ich den Blitzgedanken, in einem Souvenir-Laden noch etwas zu kaufen. Dort sah ich Magnet-Muscheln, von denen ich, ohne meinen Wunsch zu hinterfragen, zehn Stück kaufte. Als ich wieder zu Hause war, kam eine Freundin zu Besuch. Ich wollte ihr schon zwei dieser Muscheln schenken, als eine Kursteilnehmerin anrief und mich zu meinem Erstaunen fragte, ob ich etwas mitgebracht hätte. Es stellte sich heraus, dass die Meditationsgruppe, die aus zehn Personen bestand, mir telepathisch gesendet hatte, jedem eine Muschel mitzubringen. Von mir hatte die Meditationsgruppe die „Mitteilung" erhalten, dass ich zur Zeit meines Sendens fror und mich mit einem Pelzmantel wärmen musste. Das war meine innere Stimmung, denn zwischen mir und meinem Freund herrschte Gefühlskälte. Eine Trennung war die logische Folge.

1990 wurde ich von der Volkshochschule Stäfa gefragt, ob ich einen Kurs über Bachblüten geben würde. Das war für mich zu eng gefasst. Ich ging mit der Frage, worüber ich in einem Kurs sprechen wollte, ins Bett und wachte am nächsten Morgen mit der Idee auf, den Kurs „Wir leben, um bewusst zu werden" zu nennen. Der Organisator erklärte sich damit einverstanden, und ich begann, mich intensiv vorzubereiten. Ich versuchte, die verschiedenen Hilfsmittel mit dem Thema meines Kurses auf einen Nenner zu bringen. Dabei eröffneten sich mir unglaubliche Tore. Mir kam es so vor, als ob mein Hirn ein Sieb wäre und ich weiße Antennen ausfuhr, wodurch sich die Zusammenhänge „einfach" ergaben. Ob Tarot, Kristalle, Bachblüten oder Astrologie – alles, worüber ich sprechen wollte, passte plötzlich zusammen, anders gesagt, alle Hilfsmittel brachten mich zu derselben Erkenntnis: Dass wir uns durch unser Leben in der materiellen Welt unseres geistigen, unfassbaren Wesens bewusst werden sollten. Dass wir hier lernen sollten zu erfassen, dass wir selbst das Außen erschaffen. Und dass wir dieses Außen jederzeit verändern können, wenn wir uns unserer unbewussten Seiten, unseres Inneren bewusst werden. Es wurde mir darüber hinaus klar, dass wir letztlich wieder in unseren ursprünglichen geistigen Ur-Zustand zurückkehren, wo sich das Ich wie ein Tropfen im Meer mit allem vereint und all-eins wird.

Ich merkte bei meinen Vorbereitungen für den Kurs, dass die Zeit knapp werden könnte. Die Anmeldung für die Kursteilnehmer lief ab. Es waren neun, obwohl ich 35 „Nasen" in meinem Kopf hatte. „Merk-würdig" war, dass es zwei Wochen später plötzlich 35 Interessenten waren und für den November kein Lokal mehr gefunden werden konnte. Der Kurs fand im Januar 1991 statt und hatte 32 Teilnehmer – zusammen mit mir und meinen Hunden füllten somit 35 Nasen den Saal.

Nach dem Kurs gab mir eine Teilnehmerin den Rat, diese Erkenntnisse in einem Buch festzuhalten, was ich tat. Nun musste ich die verschiedenen Themen, die ich im Kurs angesprochen hatte, in einen Zusammenhang und aufs Papier bringen. Ein Nachbar lieh mir einen Computer, eine damals sehr fortschrittliche Textmaschine. Ich setzte mich davor, und meine Finger begannen zu schreiben … Der Text und mit ihm viele weitere Zusammenhänge sprudelten – war ich das? – in den Computer und materialisierten sich durch den Drucker schwarz auf weiß. Dieses Erlebnis kann ich nur so beschreiben, dass ich als Medium gehandelt habe und dass geistige, mir damals fremde Weisheiten durch meine schreibenden Finger zum Ausdruck kamen. Ein „Es“ machte sich als unhörbare Stimme bemerkbar und „diktierte“ mir die Texte und Zeichnungen. Ich stellte keine bewussten Fragen, die Antworten auf meine ursprüngliche Frage „Warum lebe ich?“ flossen aufs Papier. Es war unglaublich.

Während der folgenden Jahre, ja bis heute, traten und treten diese Weisheiten Schritt für Schritt in mein Bewusstsein und in mein Leben. Zuerst müssen sie „verdaut“ werden und dann baut sich durch das Erleben die Gewissheit auf, dass sie richtig sind und dass sich das Leben durch sie enorm verändert. Damals hatte ich noch keine Ahnung, wie sehr diese neue Sicht in meinem Leben wahr ist.

Die 1991 aufgeschriebenen Weisheiten lagen jahrelang vergraben in meinem Schrank, bis mir vor 2 Jahren eine Seherin sagte, ich sei ein Medium … Ich erzählte ihr von dem Manuskript, und sie ermutigte mich dazu, es zu überarbeiten und öffentlich zu machen. Sie betonte: Die Zeit ist gekommen und viele Menschen sind für eine Veränderung offen.

Was ihr in diesem Buch erfahrt und lest, sind die Texte, die damals auf dem Papier sichtbar waren. Um sie bildlicher zu machen, habe ich einige Erfahrungen und Erkenntnisse hinzugefügt. Bestimmt werden euch, so wie mir, die Augen aufgehen, und ihr werdet realisieren, dass ihr selbst euer Leben, euer Dasein realisiert und es durch die Bewusstwerdung eurer inneren Welt verändern könnt. Auch ihr werdet Antworten erhalten auf die Fragen: Warum bin ich? Was ist der Sinn des Lebens?

IHR LEBT, UM ZU REALISIEREN, DASS IHR SELBST ALLES REALISIERT

Die große Frage „WARUM?"

Ihr sucht Antworten auf die große Frage WARUM?, nach dem Sinn des Lebens.

Im Grunde genommen liegen die Antworten in euch selbst und in eurer subjektiv wahrgenommenen Realität.

Realisiert, dass ihr selbst das Zentrum seid, dass ihr der Erschaffer eurer Realität seid, sie selbst realisiert.

Ihr selbst seid verantwortlich für euer Leben und eure Erfahrungen.

Es gibt nichts ohne Sinn in eurem Leben. Alles ist da, da-mit ihr versteht, woher ihr kommt, wer ihr seid und wohin euch die Lebensreise führt. Alles, was ihr im täglichen Leben wahrnehmt, fließt aus eurem Inneren nach außen! Wollt ihr euch und euer Leben verändern, müsst ihr eure innere Welt erfassen, indem ihr euch mit der äußeren Welt, die voller Symbole und Wahrheiten ist, auseinandersetzt.

Lasst euch nun in diese Welt führen.

Seht euch als Erstes die Symbolik der Schöpfungsgeschichte an:

In der Bibel steht, dass Gott den Menschen nach seinem Bild schuf. Ihr seid also das Bild Gottes und die Verkörperung dieses Göttlichen und unfassbaren Ganzen. Aber ihr seid euch dessen nicht bewusst. Ihr habt alles in euch! Es gibt keinen Gott außerhalb von euch selbst – ihr seid die Schöpfer eurer Realität. Ihr erschafft, realisiert eure eigene Wirklichkeit. Und darum seid ihr, jeder für sich, allein verantwortlich für das, was euch widerfährt. Es liegt in eurer Macht, durch die Bewusstwerdung eures ganzheitlichen Wesens und das Verstehen des Daseins zu eurem ursprünglichen Zustand zurückzufinden, wo alles eins ist.

Auch steht in der Bibel, dass ihr „versucht“ und aus dem Paradies verstoßen wurdet, um „gewahr“ zu werden. In „Versuchung“ steckt das Wort „Suche“ – die Suche nach eurem wahren Ich. Seid ihr einst aus dem paradiesischen Zustand „gefallen“, so gilt es, in diesem irdischen Dasein den „Himmel auf Erden“ wiederzufinden. „Par“ bedeutet: gleich, entsprechend, aber auch: Paar. Könnt ihr das „Dies-seits“ und das „Jen-seits“ „paaren“, zur Verschmelzung bringen, dann wird das eine wie das andere, das Diesseits und das Jenseits eins. Das Paradies ist nicht in anderen Dimensionen zu suchen. Es ist immer hier und jetzt. Wollt ihr also den paradiesischen Zustand wieder erreichen, dann müsst ihr „gewahr“ werden, ausfindig machen, warum ihr lebt.

Mit der Geburt macht ihr den Sprung aus dem Dunkel der Unbewusstheit, dem Wasser, dem Schutz, hinaus in die Luft, in eine andere Dimension und damit in die Polarität. Denn im Diesseits ist nichts ohne Gegenpol. Ohne Nacht gibt es keinen Tag, ohne das Böse kein Gutes, ohne Schwarz kein Weiß, ohne kalt kein warm usw. Ohne die Dunkelheit könnt ihr das Licht nicht erkennen, ohne den Lärm nicht die Stille. Das eine ist immer die Folge des anderen. Und wie ein Fisch, der nicht erkennt, was Wasser für ihn bedeutet, wenn er immer im Wasser ist, und dem dies erst dann bewusst wird, wenn er in der Luft, im Gegenpol, zappelt, so werdet ihr durch die Polarität und die Gesetzmäßigkeiten in der Materie bewusst, findet durch sie die Wahrheit und den Sinn des Lebens.

Dies ist euer selbst gewählter Weg – euch durch das Erleben des Diesseits des anderen Pols, des Jenseits, bewusst zu werden. Um also euren Geist, der die Materie erschafft, zu erfassen, müsst ihr euch mit dem Gegenpol, der Materie, auseinandersetzen, euch mit den in der Materie gespiegelten Polaritäten befassen und sie durch euer Verstehen zu einem Ganzen vereinen. Denn dann werden das Gute und das Böse, das Du und das Ich und das Außen und das Innen eins.

Es gibt keine Materie ohne den Geist. Geist ist nur scheinbar der Gegenpol zur Materie. Ihr selbst erschafft, realisiert mit eurem Geist, euren angelernten Glaubens- und Verhaltensmustern das Außen, die

Realität, die somit das Spiegelbild eures Inneren ist. **Ihr selbst seid die Schöpfer!** Durch das Außen wollt und könnt ihr euch eurer Gedanken, Glaubensstrukturen und eurer geistigen Wirklichkeit bewusst werden, denn es trägt die ganze Weisheit und Wahrheit in sich. Gleichzeitig aber ist es auch Täuschung, weil ihr euch nur auf kleine Ausschnitte konzentriert und die großen Zusammenhänge nicht erfasst. In dem Moment aber, wo euch euer innerer Trieb, das Verlangen durchdringt, euch eures multidimensionalen Selbst und des Sinns des Lebens bewusst zu werden, werdet ihr eure Sinne für die Hilfen und Zeichen öffnen, anhand derer ihr den Weg in eure inneren Welten beschreiten könnt. Das innere Feuer wird euch anspornen, zu wachsen und euch geistig zu erweitern.

Erweiterung jedoch kann nur über die Verdichtung geschehen. Explosion nur über die Implosion. Um euch dieses unfassbaren geistigen Ichs bewusst zu werden, müsst ihr euch im Diesseits auf euch selbst zentrieren und das von euch Erschaffene auf euch selbst übersetzen lernen. Denn nur durch das Hinterfragen, **warum** ihr dies oder jenes erlebt, werdet ihr euch selbst „erfassen" und kennenlernen. Dadurch werdet ihr euch eures inneren Reichtums, eurer Gedanken und Glaubensmuster bewusst, die das Außen, die Realität, erschaffen. Ihr werdet dazu fähig sein, eure Ansichten so zu verändern, dass ihr all jene Muster hinter euch lassen könnt, die euch einengen und begrenzen. Ihr werdet für die echte Freiheit und das Glück offen sein, werdet aus eurer Fantasie heraus all jenes erschaffen, was euch Spaß und Freude macht. Dies ist der Himmel auf Erden. Ihr werdet euch über das Haften am Irdischen erheben, weil ihr dann wisst, dass ihr alles selbst materialisiert und wieder verändern könnt. Die Verdichtung der Materie löst sich letztlich auf. Ihr werdet euch selbst aus allen Grenzen erlösen und im Gegenpol, dem Geist, woher ihr kommt, „auferstehen". Im geistigen Zustand ist jeder frei. Es gibt keine Grenzen, weder Zeit noch Raum – alles ist immer da und jetzt. Und alles ist möglich!

Euer ursprüngliches „Sein" hat alles in sich, ist alles! Dieses unfassbaren Ganzen wart ihr euch vor dem Schritt in die Polarität jedoch nicht bewusst, weil ihr keinen Gegenpol hattet. So habt ihr euch selbst für den Weg in den Gegenpol, in die Verdichtung, entschieden, um euch eures wahren, allumfassenden Ichs gewahr zu werden. Ihr wolltet auch erkennen, realisieren, dass ein klarer Gedanke das unmöglich Erscheinende verwirklichen kann und dass ihr unbegrenzte Möglichkeiten habt, euch zu erweitern und zu wachsen.

Dies ist der Grund, warum ihr den materiellen Pol kreiert habt! Aus dem Nebel, der Unwissenheit, heraus die andere Seite in Form von Leben zu durchschreiten, um bewusst zu werden. Ihr wolltet durch Erfahrungen, Lernprozesse und Gedankenaustausch erfassen, dass die Materie Spiegel des Geists – des allumfassenden Bewusstseins – ist.

Teilung/Zerstreuung/Trennung

Mit dem Sprung ins Diesseits, der Geburt, geht ihr Schritt für Schritt, Jahr für Jahr in den Gegenpol, die Materie, und zersplittert euer multidimensionales Wesen und Wissen in alle euch ersichtlichen Erscheinungsformen. Ihr seid euch dessen nicht mehr bewusst, dass alles, was ist, Teil eures Ichs ist, und trennt euch dadurch immer mehr von eurem wahren Selbst. Ihr lasst euch durch das Bild, das ihr selbst erschaffen habt, so sehr faszinieren, dass ihr euch verliert und nur noch das ausgeworfene Bild, die Realität, für gültig haltet. Ihr trennt zwischen Ich und Du, zwischen eurem Inneren und dem Außen, dem Unbewussten und dem Bewussten. In der Folge verliert ihr eure Einheit, eure Eigenständigkeit und fallt aus dem Zustand des androgynen Wesens, welches das Weibliche und das Männliche in sich vereint. Adam symbolisiert euer wahres Sein, in dem die Gegenpole verschmolzen sind.

Ihr seid allein geboren, um auf dem Weg durch das Diesseits und die Bewusstwerdung wieder „all-eins" zu werden! Der Weg durchs Leben führt euch zurück zu eurem wahren Selbst – zum Zentrum, das ihr seid.

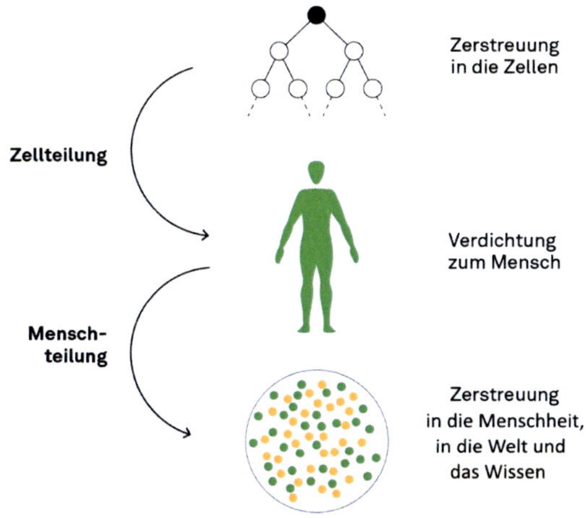

Um die Zersplitterung eures Selbst besser verstehen zu können, hilft das Bild der Zellteilung. Eine einzige (Ur-)Zelle teilt sich, zuerst in zwei, dann in vier, dann in acht weitere Zellen usw., bis sich die Urzelle in Millionen von Zellen aufgesplittert, zerstreut hat. Das Bewusstsein der Urzelle ist in allen Zellen präsent, auch wenn jede ihre eigene Funktion und Rolle übernimmt. Aus dieser großen Vielfalt der Zellen entsteht das Baby. Der Mensch ist also die Ballung, die Verdichtung einer unfassbaren Vielfalt.

Zwei Gegenpole (Ei und Samen) führen zur Zeugung: der weibliche, empfängliche und negative Pol und der männliche, vorwärtsdrängende und positive Pol. Nach der Geburt geschieht die gleiche Teilung wie bei den Zellen. Als Erstes teilt das Baby sein Ich in die weibliche (Mutter) und die männliche (Vater) Projektion seines Selbst. Entsprechend der Zellteilung folgen die Großeltern (vier Zellen), die Geschwister, die nächsten Verwandten (acht Zellen) usw. Diese „Ich-Zerstreuung" geht weiter und weiter, bis die äußere Welt das Innere, das Bewusstsein und das Wissen in einer unfassbaren Vielfalt widerspiegelt. Das, was ihr als Realität betrachtet, ist euer in Milliarden von Einzelteilchen zersplittertes und zerstreutes Selbst, das eigentlich eins und alles ist!

Mit dem Schritt in den materiellen Pol trennt ihr euch von eurer inneren Fülle und beginnt dem Außen Macht und mehr Gültigkeit als euch selbst zu geben. Ihr macht euch klein, erhört das Du, werdet hörig und verliert den Glauben an euch selbst. Ihr akzeptiert, was Eltern, Lehrer und andere euch lehren, baut Denk- und Verhaltensmuster auf und untergrabt dadurch eure Bedürfnisse, indem ihr:

- glaubt, dass ihr nur geliebt und anerkannt werdet, wenn ihr Gutes tut
- Liebe unterwürfig an andere abgebt
- Energie für andere verpufft
- euch für andere einsetzt
- für alle anderen Verständnis aufbringt
- die anderen erhört
- anderen treu sein wollt
- anderen eure Hilfe gebt
- Initiative für andere ergreift, die Verantwortung für andere übernehmt
- mit anderen leidet, Mitleid habt
- Aufgaben für andere übernehmt und euch damit selbst aufgebt

aber auch:

- Kritik an anderen übt, andere anklagt
- Wut und Aggression an anderen auslasst
- die Schuld auf alle anderen schiebt
- glaubt, dass ihr so seid, wie ihr seid, und ihr nichts daran verändern könnt

Die Bedrohungen von außen machen euch unsicher, weshalb ihr alles absichern wollt. Mangels innerer Sicherheit habt ihr Angst, dass euch etwas weggenommen werden könnte, Geld, Gesundheit, ein liebgewonnener Mensch und schließlich das Leben. Ihr klammert euch an das, was ihr im Scheinbild der Realität zu haben glaubt, und kämpft gegen vieles, weil ihr euch eurer eigenen Stärken nicht bewusst seid. Ihr getraut euch nicht loszulassen und fürchtet euch vor dem Tod, weil ihr nicht versteht, dass Tod der Gegenpol zum Leben ist. Altes vergeht und Neues entsteht. Dies geschieht von Moment zu Moment.

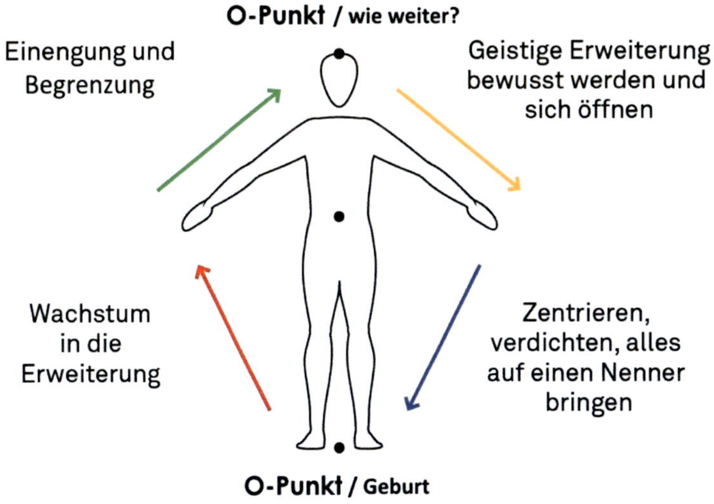

Anhand der Zeichnung eures Körpers seht ihr, wie ihr euch vom Nullpunkt, der Geburt, nach oben, in die Höhe entwickelt. Mit dem Wachsen in den Pol der Materie und der Zerstreuung eures Selbst spaltet ihr euch von eurem Ursprung ab. Äußerlich seid ihr erwachsen und groß, innerlich jedoch werdet ihr zu einem Nichts, das sich in der Vielfalt verliert. Das Außen, welches ihr ja selbst aufgebaut habt, überrollt euch, engt euch ein und zwingt euch schließlich zu einer Veränderung. Ihr seid wieder an einem Nullpunkt und fragt euch, wie es weitergeht. Jetzt seid ihr aus eurem inneren Verlangen heraus dazu bereit, euch auf euch selbst zurückzubesinnen und euch mit dem Ich und eurem Leben auseinanderzusetzen. Euer Weg ist es, durch Bewusstwerdung zu eurem Zentrum, zu eurer Ganzheit zurückzufinden.

Mit dem Schritt in die Zentrierung gilt es, zuerst alle „Du-Musst“ zu hinterfragen. Dann könnt ihr:

- euch kritisch mit Situationen auseinandersetzen
- die Verantwortung für euch selbst übernehmen
- euch selbst lieben
- an euch selbst glauben
- euch selbst treu sein
- eure Energie und das Feuer für euch selbst und euer eigenes Vorwärtskommen einsetzen
- euch selbst Verständnis entgegenbringen
- euch selbst erkennen und verstehen
- euch für eure innere Stimme öffnen
- euch selbst vertrauen
- wissen, dass nur ihr allein euch wirklich helfen könnt
- Initiative für euch selbst ergreifen, um eine Veränderung herbeizuführen
- mit euch selbst mal wütend sein, wenn ihr keine Fortschritte macht
- eure Aggression, die den inneren Wunsch nach Veränderung symbolisiert, zulassen
- euch von Schuldgefühlen befreien, da alles, was ihr tut, immer richtig ist
- nicht mehr leiden, sondern leben
- nicht mehr das Außen anklagen, sondern daraus klug werden
- euch öffnen für die Selbstverwirklichung und euer inneres Potenzial erblühen lassen

Auf diesem Weg in die Zentrierung werdet ihr realisieren, dass alles, was ihr im Außen wahrnehmt, Teil eures Ichs ist. Wie ein Chirurg dringt ihr in eure inneren Welten vor, könnt nach den Geschwüren (Glaubens- und Verhaltensmuster) suchen, die euch einschränken, sie wegschneiden und euch damit von Schmerzen und Behinderungen befreien. Als Wissenschaftler forscht ihr, um durch Erfahrungen zu erweiterten Erkenntnissen zu gelangen, wodurch ihr Wissen schafft. Als Anwalt sucht ihr nach den gesetzmäßigen Zusammenhängen, um den wahren Tatbestand zu erfassen und euch selbst ein Urteil zu bilden. Gleichzeitig seid ihr Architekten und zeichnet Bilder, die euer innerer Ingenieur und Bauführer zu Materie erbaut.

Ihr alle malt euch immer wieder aus, wie etwas sein könnte. Aber diese Wunschträume materialisieren sich selten, weil ihr nicht an eure Macht und Fähigkeit des Erschaffens der Realität glaubt. Eure einengenden und begrenzenden Vorstellungen sind es, die diese Wünsche nicht in Erfüllung gehen lassen. Ihr seid euch selbst im Weg. Die Fähigkeit eures Wesens, Neues zu schaffen, zeigt sich im kreativen Menschen, der sein Inneres nach außen ergießt und ein neues Bild oder eine neue Form realisiert. Auch ihr seid Schöpfer, Künstler und erschafft aus eurem Inneren Neues!

Dies ist euer Weg: aus der Ganzheit, der 0, in die Trennung von euch selbst, ins Verlorensein und danach zurück in die Ganzheit, wo ihr euch des unfassbaren Ganzen, das ihr seid, bewusst werdet.

Bewusst werden

Ohne grundlegende Veränderung eurer Ansichten und eurer Handlungen werdet ihr immer in der Tretmühle des Lebens gefangen sein. Ihr müsst alle euch einschränkenden Gedanken, Glaubens- und Verhaltensmuster wahrnehmen und sie loslassen, um euch selbst und euer Leben euren innersten Wünschen entsprechend ändern zu können. Ihr habt die Macht und Kraft in euch, dies zu tun.

Lasst euer inneres Feuer und euer Verlangen nach Erweiterung zu. Öffnet euch für eure inneren Welten, für eure Wünsche und Bedürfnisse. Werdet ehrlich mit euch selbst und übernehmt die Verantwortung für euch selbst! Werdet euch bewusst, dass ihr das Zentrum eurer subjektiv wahrgenommenen Realität seid. Erwacht, erkennt und nehmt die Ursachen wahr, um geistig zu wachsen.

Erinnert euch daran, dass „hinter" der Materie der Geist ist. Werdet euch also des „Hinter-gründigen" in euch bewusst, welches euch in der Realität in oft unbefriedigende Situationen bringt. Erkennt, von welchen alten Ansichten und von welchen Menschen, die ja Gedankenprojektionen eures Selbst sind, ihr euch verabschieden solltet.

Solange ihr an Altem festhaltet, bleibt ihr in den euch selbst auferlegten Strukturen und Fesseln gefangen. Lernt also, mutig zu sein und loszulassen, denn Leben heißt Bewegung und Veränderung.

Nehmt als Vergleich eure Wohnungen. Ihr alle kennt das Problem: Über Jahre habt ihr unzählige Dinge angeschafft und könnt euch nicht davon trennen. Euer Verlangen nach mehr geht so weit, dass ihr in eurem Heim keinen Freiraum mehr habt, kaum noch Luft kriegt. Dann kommt der Moment, in dem ihr etwas verändern, Altes loslassen müsst, damit Neues Platz hat. Tut ihr dies nicht freiwillig, dann werdet ihr durch die Umstände, das sogenannte Schicksal, dazu gezwungen. Doch im Grunde genommen ist es immer euer innerster Kern, „das innere Baby", welches nach Erweiterung schreit und diese notwendigen Veränderungen erschafft, damit ihr nicht versteinert, sondern durch neue Herausforderungen lebendig seid. Ihr seid selbst verantwortlich und könnt euch durch Bewusstwerdung und Selbsterkenntnis von allen Ängsten, Zwängen, Einengungen und Begrenzungen befreien!

Der erste Schritt dazu, euer multidimensionales Wesen verstehen zu können, ist, euch über das Hier und Jetzt Klarheit zu verschaffen. Vergesst nicht, dass ihr aus eurem Inneren heraus die Realität selbst erschafft. Lernt, die Mitmenschen, Gegebenheiten und Situationen aufmerksam zu betrachten, sie in euer Bewusstsein aufzunehmen und euch dann, in der Stille, mit ihnen auseinanderzusetzen. Nehmt euch die Zeit und Ruhe, euch eures Inneren und Unbewussten bewusst zu werden, indem ihr euch fragt: Warum hole ich mir dieses oder jenes immer wieder herbei? Warum erzählt mir das Du wohl diese Geschichte? Was hat dies alles mit mir selbst zu tun? Was will ich aus meinem Innersten heraus lernen? In welchem Bereich will ich mich verändern?

Nichts ist ohne einen tieferen Sinn. Alles, was ist, hat mit euch selbst zu tun und ist immer gut und richtig für euer Vorwärtskommen. Mit dieser Erkenntnis gibt es nichts Schlechtes. Ihr werdet verstehen, dass auch negative Situationen, die ihr euch ja selbst herbeigeholt habt, grundsätzlich immer positiv sind und euch stark machen. So stark, dass ihr dazu bereit seid, Neues anzupacken, um daran zu wachsen und euer Wissen zu vermehren. Ihr werdet so weit kommen, dass ihr euch selbst und euer Leben jederzeit bejahen könnt. Ihr werdet dann nichts mehr verurteilen, euch selbst also nicht mehr „teilen", sondern in allem das Positive erkennen. Das Bejahen von allem, was ist, ist wahre Liebe.

Aus dem Wissen heraus, dass alles, was ist, eine Spiegelung eures Inneren ist, könnt ihr auch verstehen, dass erst dann, wenn ihr euch selbst liebt und akzeptiert, Liebe und Anerkennung von anderen Menschen auf euch zurückstrahlen können. Nächstenliebe, wie ihr sie gekannt habt, hat meistens mit Aufopferung von euch selbst zu tun. Ihr habt Liebe und Bestätigung im Außen gesucht und dabei euer Ich aufgegeben, habt euch immer wieder Situationen aufgebaut, die diese Selbstaufgabe widerspiegeln. Ihr müsst eure alten Überzeugungen ändern! Er-kennt eure Macht und seid euch bewusst, dass ihr nicht eine Marionette, sondern das Zentrum, der Hauptdarsteller in eurem Theater seid. Ihr werdet euch über das neue Echo freuen!

Als ich meine ersten Schritte auf dem Weg zur Bewusstwerdung machte, las ich ein Buch über Selbstliebe und lernte, mich selbst „in den Arm zu nehmen", mich selbst zu akzeptieren. Ob die Idee von mir war, weiß ich nicht mehr, doch ich unterstützte mich damals damit, dass ich meinen Badezimmerspiegel vollmalte mit: „Ich liebe mich" – „Ich bin gut" – „Ich stehe zu mir". Einen Blick in den Spiegel zu werfen ist das Letzte, was wir vor dem Schlafengehen machen, und das Erste am Morgen. Mit dem Schreiben von positiven Leitsätzen über unserem eigenen Bild können wir den Glauben an uns selbst stärken. Viele meiner Bekannten haben diese Idee kopiert, und die Ergebnisse sind immer wieder faszinierend. Wir haben uns besser gefühlt, haben Komplimente erhalten und konnten öfter mutig Nein sagen, wenn uns jemand ausnützen wollte, und Ja zu vorwärtsbringenden Erlebnissen und Menschen.

Das Prinzip der Polarität

Herkömmliche Uhren geben nur 12 Stunden des Tages an und nicht die ganzen 24 Stunden.

0:00 Uhr, 12:00 Uhr und 24:00 Uhr sind am selben Punkt. Die Gegenpole Hell und Dunkel, Tag und Nacht sind nicht getrennt, sondern fließen ineinander über.

Stellt ihr euch eine Uhr in Form von zwei Kreisen mit allen 24 Stunden vor, dann ergibt sich eine 8, die die Polarität in sich trägt.

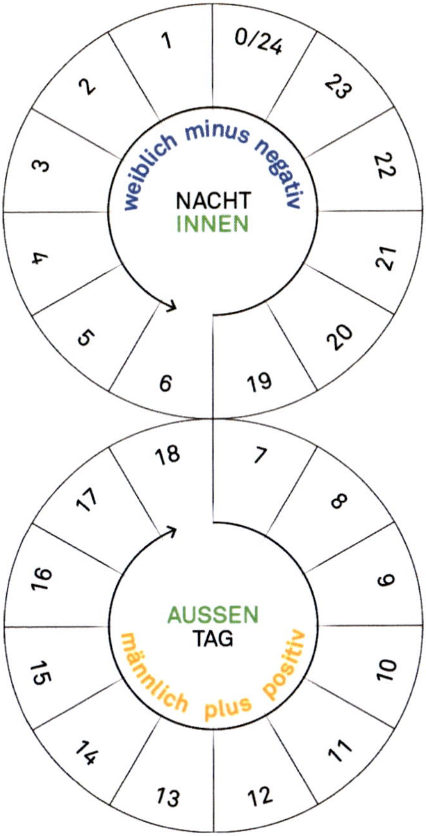

In dieser 8 der Zeit dreht sich der obere, weibliche, negative Pol rückwärts und der untere, positive, männliche Pol im Uhrzeigersinn vorwärts. Und doch geht die Zeit immer weiter. Vorwärts und rückwärts ergänzen sich und sind eins. Hinter allem Geschehen steht die Verschmelzung des männlichen und weiblichen Pols – miteinander erschaffen sie sowohl die Auflösung des Alten als auch die Erweiterung, das Neue.

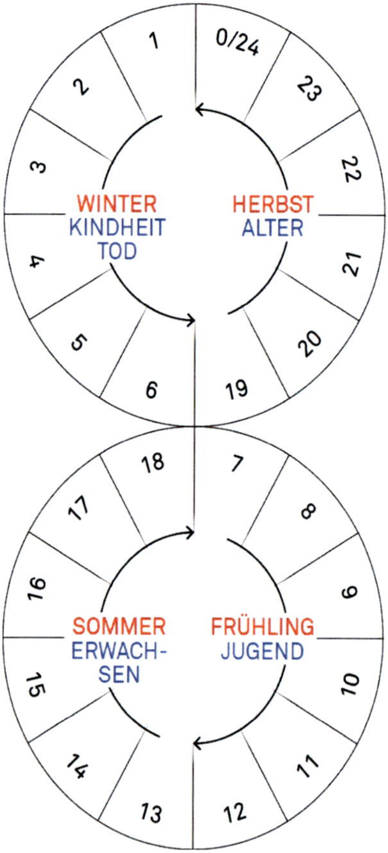

Nach der Nacht brecht ihr morgens um 6:00 Uhr in den männlichen Pol auf, entfernt euch vom Inneren, von der Dunkelheit und dem Unbewussten, aus dem heraus sich die Materie, eure Realität, verdichtet. Tagsüber tanzt ihr in eurem selbst erbauten „Theater“, um euch abends wieder in euer Inneres zurückzuziehen, woraus ihr geistig dann das kreiert, was sich am nächsten Morgen in der Realität manifestiert.

Der Tagesablauf deckt sich mit dem Jahreslauf. Von 6:00 bis 12:00 Uhr, im Frühling, fangen die Pflanzen an, zu sprießen und sich zu entfalten. Von 12:00 bis 18:00 Uhr, im Sommer, lässt die Sonne die Früchte gedeihen. Die Zeit von 18:00 bis 24:00 Uhr entspricht dem Herbst; die Bäume lassen die Blätter los und ziehen ihre Energien in sich hinein. Und von 24:00 oder 0:00 Uhr bis 6:00 Uhr herrscht der Winter, im Schutze der Dunkelheit entwickelt sich das Neue bis zum Erwachen im Frühling.

Dasselbe gilt für das Menschenleben. In der Kindheit, von 0:00 bis 6:00 Uhr, werdet ihr von euren Eltern „ausgebrütet", umsorgt, gehegt und gepflegt. Ihr seid natürlich und noch frei von Moral und Vernunft, eurer Fantasie sind keine Grenzen gesetzt. Langsam lernt ihr, an die von euch selbst aufgebaute Materie zu glauben, sie zu lieben und dem Außen zu gehorchen.

Dieses Außen fasziniert euch und ihr brecht in die Sturm- und Drangzeit der Jugend, von 6:00 bis 12:00 Uhr, auf, in der ihr lernen und verstehen wollt, um euch später in der Welt behaupten zu können, aber auch bereits die ersten Verpflichtungen und Verantwortungen übernehmen müsst. Ihr beginnt euch zu wehren und werdet gleichzeitig vom Du angezogen. Ihr trennt das Du vom Ich und verliert dabei den Glauben an euch selbst. Das Gegenüber und die Realität werden immer wichtiger, und ihr beginnt, eure andere Hälfte, den idealen Partner, und das Glück im Außen zu suchen. Gleichzeitig bereitet ihr euch für die „hohe" Zeit vor, indem ihr Eigenständigkeit entwickelt.

Von 12:00 bis 18:00 Uhr ist die Zeit der Reife, des Erwachsenseins. Es ist die Zeit der Verfestigung und Verwurzelung, aber auch der Zeugung von Neuem, von Kindern, materiellen Gütern. Ihr baut eure Stärke im Außen auf, um später die Früchte ernten zu können. Aufgrund eures Glaubens an die Gültigkeit der Realität sind euer Denken und Handeln von Vernunft und moralischen Vorschriften geprägt. Ihr seid euch eurer schöpferischen geistigen Kräfte nicht mehr bewusst und versucht daher verzweifelt, euch gegen Bedrohungen von außen zu wehren. Ihr habt Angst und sichert euch überall ab. Ihr glaubt zu leben, obwohl ihr eure wahren Bedürfnisse und Wünsche aus Rücksicht auf die Umwelt untergrabt.

Von 18:00 bis 24:00 Uhr ist die Zeit des Alterns. Ihr zieht euch aus dem Arbeitsleben zurück und findet endlich Zeit und Muße, euch auf euch selbst zu besinnen und über Vergangenes nachzudenken. Ihr tretet „leiser“ und werdet weiser, wandelt eure nach außen gerichtete Aktivität, eure früheren Ansichten um und könnt euch, wenn ihr dazu bereit seid, für die inneren oder geistigen Welten öffnen.

Von 0:00 bis 6:00 Uhr folgt die Todesphase, die aber gleichzeitig die Kindheitsphase ist. Es ist die Zeit, in der sich das Alte auflöst und das Neue sich zu kristallisieren beginnt. Wie Silvester und Neujahr – das eine Jahr löst sich auf, fließt in das neue Jahr hinein. Das neue Jahr kann ohne das zu Ende gehende Jahr nicht sein, denn in der Materie ergibt sich aus dem einen immer das andere.

Der Tod als Gegenpol zum Leben entspricht eurem Schlaf, eurem Unbewussten. Mit dem Loslassen des Gestern baut ihr nachts geistig das Leben und die Realität im Heute auf. Die Realität ist die Folge dessen, was ihr in den Schlaf nehmt, das heißt eurer Gedanken und Glaubenssätze, verbunden mit dem inneren Feuer und Drang nach Erweiterung. So bedeutet Tod das Abschließen und Auflösen von Altem und gleichzeitig das Gebären und Gestalten von Neuem. Haltet also nicht an Strukturen fest, die eure Bewegung einengen oder unterdrücken, sondern bejaht den Tod des Vergangenen. Befreit euch von der einseitigen, einpoligen Betrachtungsweise und kommt durch Bewusstwerdung zur ganzheitlichen Sicht, zur Wahrheit, zurück.

Ist es nicht faszinierend, dass 0, 12 und 24 das Datum der Geburt Christi am 24. 12. 0000 ergeben? Es symbolisiert euren Weg aus der Ganzheit, der 0, über den Gegenpol, die 12 (die Verdichtung), zurück in die Ganzheit, 24 = 0.

Durch Bewusstwerdung könnt ihr die beiden Pole Tod und Leben, Geist und Materie zu einem Ganzen verbinden. Ihr werdet lernen, das Licht und die Dunkelheit zu verschmelzen, und ihr erlangt Durchsicht.

Das Du ist die Dunkelheit, die mein Ich belichtet!
Das Du, wie eure wahrgenommene Realität, spiegelt in eurem Leben das Dunkle und Nicht-Bewusste eures Ichs. Wenn ihr euch neu mit dem Du auseinandersetzt und nicht mehr dagegen ankämpft, könnt ihr euer wahres Ich kennenlernen, denn alles, was ist, ist Teil eures Selbst.

Eure Mitmenschen spielen in eurem „Theater" Rollen. Sie sind Spiegelbilder, Teile eures Ichs. Erkennt ihr einen Fehler bei eurem Gegenüber, dann werdet ihr bei näherem Hinschauen denselben Fehler bei euch selbst finden. Alles, was ihr anderen „predigt", betrifft euch selbst. Beneidet ihr jemanden, dann erkennt ihr eure innere Fülle, euren Reichtum nicht. Und wenn ein Bekannter, ein Aspekt eures mulitdimensionalen Selbst, aus eurem Blickfeld verschwindet, dann habt ihr euch verändert und diese Projektion für eure Bewusstwerdung nicht mehr nötig – sie hat sich aufgelöst und eine andere wird sich materialisieren.

Zwischen zwei Polen ist Bewegung. Bewegung ist auch im Ein- und Ausatmen und in eurer Blutzirkulation. Das Einströmen ist das Realisieren, das Erfassen (die blaue Farbe in den Venen), und das Ausströmen das Realisieren, das Erschaffen (die rote Farbe in den Adern), das Neues bringt. Diese Bewegung von ein und aus ist **die Seele**. Sie ist der Fluss zwischen eurem Innen und eurem Außen und materialisiert eure Spiegelbilder und eure Realität.

Solange ihr euch gegen das, was euch von außen begegnet, wehrt, seid ihr nicht in Einklang mit euch selbst – ihr trennt euer Inneres vom Außen –, eure Seele ist gespalten. Die Zeit ist gekommen, eure beiden Pole, das Innen und das Außen, zu vereinen! Dies ist nur möglich, wenn ihr euch dieser Bewegung bewusst seid! Aus dem, was ihr abends erfasst, erschafft ihr den nächsten Tag – dasjenige, das einfließt, fließt entsprechend aus. Wollt ihr euch und euer Leben jetzt verändern, dann müsst ihr damit beginnen, über das ausgeworfene Bild euer Unbewusstes, das eure Realität erschafft, zu belichten. Je konzentrierter ihr euch hinterfragt und eure Missstände erfasst, desto schneller könnt ihr eure Gedanken, Glaubens- und Verhaltensmuster, die euch einengen, erkennen und loslassen. Und je mehr ihr euch der vielen positiven Dinge im täglichen Leben bewusst werdet, desto schneller werdet ihr euch eurer inneren Fülle und des unglaublichen Reichtums, den ihr in euch tragt, gewahr.

Polarität:
- Jenseits – Diesseits
- Alles – Nichts
- Leben – Tod
- Innen – Außen
- Unendlichkeit, Ewigkeit – Endlichkeit, Vergänglichkeit
- Grenzenlosigkeit, Freiheit – Begrenzung, Gebundenheit
- Unfassbares – Fassbares
- Jetzt – Nacheinander
- Reichtum – Armut
- Freude – Trauer
- weiß – schwarz usw.

Unterbewusstsein – Spiegelung in der Materie

Die Auseinandersetzung mit der Polarität kann euch die Frage, warum ihr seid und warum ihr den Weg durch das Diesseits beschreitet, beantworten: Durch sie wird euch bewusst, dass
- ihr nicht sterben werdet, sondern unendlich und ewig seid
- ihr den Tod bejahen sollt, da er Leben schafft
- ihr an keine Grenzen gebunden seid, sondern jegliche Freiheit habt
- es keine Gesetze gibt und demzufolge alles möglich ist
- ihr über die Ordnung erfassen könnt, dass euer geistiger Urzustand „chaotisch", nicht fassbar ist
- es kein Nacheinander gibt, sondern alles im Hier und Jetzt ist
- ihr nur über das Bewusstwerden und Verstehen der materiellen Scheinwelt euch selbst und die Wahrheit erfassen könnt

Ihr werdet auf dem Weg in die geistige Welt lernen
- dass ihr die Trennung von euch selbst zuerst durchschreiten müsst, um zu realisieren, dass **ihr das Zentrum der von euch selbst erschaffenen Realität seid**
- dass ihr **aus eurem Geist, euren Gedanken und Glaubens- und Verhaltensmustern heraus die Materie erschafft**

- dass **alles, was ihr im Außen erkennt, ein Scheinbild, der Spiegel eures Inneren ist**
- dass ihr euch zuerst mit dem Gegenpol Begrenzung auseinandersetzen müsst, um **euch des unfassbaren geistigen Ichs mit den unbegrenzten Möglichkeiten und Fähigkeiten bewusst zu werden**. Vergesst nicht, dass ihr „heiß“ erst dann wirklich erfassen könnt, wenn ihr euch einmal richtig verbrannt habt, Freude erst dann, wenn ihr vorher Trauer und Leid erlebt habt.
- dass **ihr selbst diesen Weg gewählt habt**! Ihr werdet staunen, wie ihr alles, was ihr wollt, selbst verändern könnt!

Die Realität – das Außen

Die Realität, das nach außen Geworfene, ist nichts anderes als Bildnis, Spiegel, Theater und eine Welt voller Symbole. Sie gibt euch Zeichen und Hilfsmittel, durch die ihr Klarheit über euer Inneres gewinnen und die logischen Zusammenhänge erkennen könnt, weshalb ihr dieses oder jenes erlebt. Ihr selbst baut eure Realität auf, um euch in der Auseinandersetzung mit ihr bewusst zu werden. Ihr habt euer Ur-Wissen in Bilder „verpackt", um eure Ganzheitlichkeit zu erfassen.

Zum Beispiel das Bild des Baums. Der Baum hat Standfestigkeit, weil er tief in der Erde wurzelt. Auch ihr könnt euch nur dann in die Höhe erheben, euch erweitern, wenn ihr fest mit beiden Füßen auf dem Boden steht, damit euch Herausforderungen nicht umhauen. Ebenso müsst ihr ins Grund-Wasser (-Wissen) vorstoßen, um wachsen, gedeihen, euch entfalten zu können. Der Baum wird gefällt. Aus seinem Holz werden Formen gestaltet, Tische, Stühle, oder es wird verbrannt und Wärme erzeugt. Das ist die Transformation, die Umwandlung. Auch ihr gestaltet Materie und verwandelt sie.

Oder das Auto. Es ist ein Gefährt wie euer Körper. Unter der Motorhaube ist die Kraft verborgen, die Bewegung erlaubt. Das Innere ist das Wichtige, nicht das Chassis. Das Äußere ist nur Verkleidung, die das Innere schützt. Wenn ihr wisst, welche Kraft ihr in euch habt, dann kann euch nichts mehr bremsen und ihr könnt eure Vorwärtsbewegung beschleunigen. Ihr verbrennt eure Energie nicht mehr für andere, sondern für euch selbst. Jedes Mal, wenn ihr also Probleme mit dem Auto habt, könnt ihr euch fragen, in welchem Bereich ihr selbst eure Bewegung bremst.

Im Gegensatz dazu fahrt ihr im Zug mit. Eure Freiheit ist begrenzt, und doch bringt euch der Zug ans gewünschte Ziel. Ihr braucht nicht aktiv einzugreifen, könnt zu-sitzen und euch mit-tragen lassen. Der Zug spiegelt im Außen das männliche Prinzip, ihr selbst könnt euch, dem weiblichen Prinzip entsprechend, hingeben und fahren lassen. Je größer das Vertrauen in euch selbst ist, desto mehr lasst ihr das Innere euch lenken, statt Situationen mit dem Kopf durchkämpfen zu wollen.

Dazu eine Geschichte, die ich vor Jahren erlebt habe. Ich bekam von einer Freundin ein Buch und begann darin zu lesen, obwohl ich mich innerlich dagegen wehrte. An drei aufeinanderfolgenden Morgen wachte ich mit der Erinnerung an denselben Traum auf: Ich war am Bahnhof, ein Zug stand da, ich sprang auf, und der Zug fuhr in die falsche Richtung. Jedes Mal gelang es mir rechtzeitig abzuspringen. Mir wurde bewusst, dass mich die Freundin, die mir dieses Buch empfohlen hatte, von meinem neuen Weg ab- und in Vergangenes zurückbringen wollte. Ich entschied mich dazu, sie nicht mehr anzurufen, mich von ihr zu trennen. Und ich „materialisierte" in der Folge neue Menschen, die mich auf einem weiteren Lebensabschnitt begleiteten.

Auch Vögel und Flugzeuge sind symbolisch: Wie sie könnt ihr abheben und aus erhöhter Perspektive einen größeren Überblick gewinnen. Ein Vogel, der seine Runden über einem Wald dreht, sieht den Wald als Ganzes; wenn ihr durch einen Wald geht, fehlt euch die Übersicht. Ihr richtet eure Augen auf die Erde, um nicht zu stolpern. Blickt ihr nur nach oben und sucht das Glück irgendwo im Himmel, dann erscheint euch das Leben düster und ihr fallt über die von euch selbst erbauten Hindernisse. Je mehr ihr aufmerksam seid, die Materie hinterfragt und gleichzeitig die Übersicht behaltet, desto mehr Licht bringt ihr in eure Dunkelheit, belichtet die unbewussten Seiten eures Selbst.

Das Theater ist ein sehr schönes Bild: eine Bühne, auf der Schauspieler kommunizieren und verschiedene Situationen zeigen. Ihr wisst, dass das Schauspiel erfunden und nicht real ist. Die Schauspieler spielen die ihnen zugewiesene Rolle, die sie auswendig gelernt und geübt haben.

Das Theater, oder auch ein Film, spiegeln euren Kreislauf, die Bewegung: Der geistig erschaffende Autor entspricht dem Winter, dem Schlaf, die Aufführung auf der Bühne seinem Gegenpol, dem Sommer, dem Außen. Dazwischen ist auf der einen Seite der Regisseur, der das Werk des Autors nach außen bringt – Frühling, Morgen. Auf der anderen Seite sitzt der Zuschauer – Herbst, Abend. Nur wenn der Zuschauer sich mit dem Schauspiel auseinandersetzt, die verschiedenen Szenen betrachtet und sich am Ende über den Sinn und den Inhalt des Stückes Gedanken macht, wird er verstehen, was der Autor aus seinem Inneren heraus aufs Papier gebracht hat.

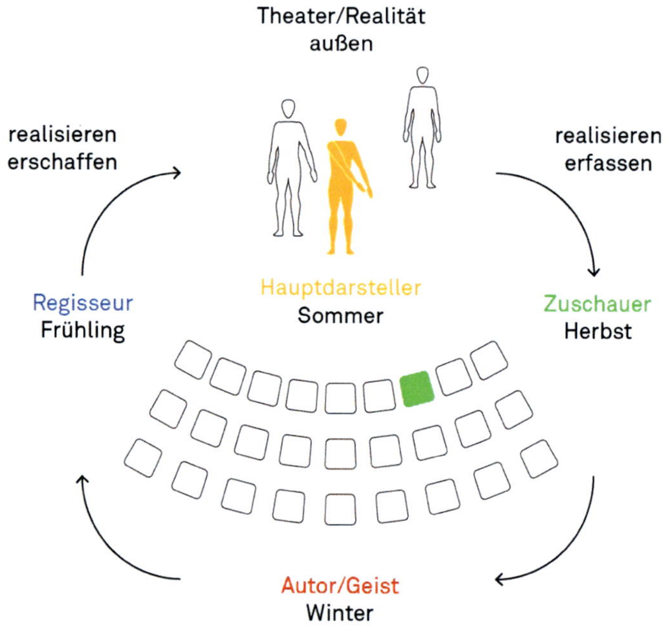

In eurem Theater seid ihr Autor, Regisseur und Hauptdarsteller in einem. Ihr seid alles. Im Schlaf seid ihr der Autor, der mit den Eindrücken des Tages das morgige Geschehen „schreibt". Am Morgen seid ihr der Regisseur, wenn ihr euren Tag plant. Dann seid ihr der Hauptdarsteller in eurem Schauspiel, was ihr nie vergessen solltet. Um euch jedoch eures Theaters bewusst zu werden, müsst ihr lernen, auch in die Rolle des Zuschauers zu schlüpfen und euch selbst im täglichen Leben spielen zu sehen. Die Mitmenschen sind eure Mitspieler, die euch im Dialog euer Inneres belichten. Lasst euch also nicht mehr von ihnen „übermannen", sondern seid euch dessen bewusst, dass ihr immer die Hauptperson seid und dass sich alles um euch dreht!

Wenn ihr euer tägliches Leben und eure individuell wahrgenommene Realität vom anderen Pol aus, als Zuschauer, neu betrachtet, werdet ihr realisieren, erfassen, was im Dunkeln und Unbewussten eures Selbst vergraben ist und in dem ausgeworfenen Bild zum Vorschein kommt. Mit dem Wissen, dass ihr der Autor und Schöpfer des Theaters (der Realität) seid, könnt ihr dieses zu eurem Besten verändern, indem ihr euch der einschränkenden Glaubensmuster bewusst werdet und sie positiv umpolt!

Einpoligkeit

Die Konzentration auf das Du und der Glaube an die Gültigkeit der Materie, der Gegenpol zum wahren Sein, machen euch einseitig. Ihr baut euch Ansichten auf, indem ihr die Dinge nur von einer Seite betrachtet, und vergesst dabei, dass jede Münze zwei Seiten hat. Ihr beurteilt viele Situationen, ohne die andere Seite zu hören oder zu sehen, und verurteilt dadurch. Im Wort „Urteil" findet ihr „Ur" und „Teil" – durch die einseitige Sicht „teilt" ihr euer ur-eigenes Ich. Ihr seid innerlich gespalten und zerrissen, seid euch eurer wahren Stärke und der Macht, das Außen über Umdenken verändern zu können, nicht bewusst. Ihr seid auf das Außen ausgerichtet, sucht alle Sicherheiten und das Glück dort und schiebt ebenso die Schuld von euch weg. Doch das Außen ist das Bild eurer innerer Welten und spiegelt die Netze und Stricke, die ihr euch selbst geschaffen habt und die euch fesseln, einengen und damit ängstigen. Denn Angst kommt von „Enge". Solange ihr am Glauben ans Außen festhaltet, werdet ihr niemals zu echter Sicherheit und Freiheit gelangen. Das Du und das Außen werden euch immer wieder bedrohen, und ihr werdet euch immer wieder abgrenzen und kämpfen müssen, um euer Ich zu schützen. Gleichzeitig müsst ihr auf so vieles verzichten, was ihr eigentlich von Herzen haben oder tun möchtet. Euer Inneres ist vom Äußeren getrennt. Euer Ziel ist, wieder eins zu werden, indem ihr euch über die Polarität, die Gegensätze erhebt und sie miteinander verschmelzt. Dann wird alles sowohl oben wie unten, schwarz wie weiß, innen wie außen sein. Das Unbewusste wird zum Bewussten.

Ihr müsst wie als Baby wieder zum Ego-isten, zum Ego-Zentriker werden, obwohl ihr das über Jahre verabscheut habt. Es ist die dunkle Seite eures Ichs, gegen die ihr euch wehrt. Aber denkt immer daran, dass ihr das Zentrum seid, aus dem heraus das Außen erschaffen wird. Geht es euch selbst gut, dann geht es der Umwelt, dem Spiegel eures Ichs, gut. Ihr könnt euch nur durch die Zentrierung auf euch selbst gewahr werden, indem ihr realisiert, dass alles, was ihr in der Realität wahrnehmt, mit euch selbst zu tun hat, weil ihr es selbst realisiert habt.

Verändert ihr euer Denken und Handeln, so werdet ihr auch Veränderungen in euer Realität feststellen. Gewisse Mitspieler in eurem Theater werden euch verlassen, weil ihr nicht mehr die Rolle spielt, die sie kennen, aber ihr werdet neue, die euch auf eurem weiteren Lebensabschnitt begleiten, magnetisch anziehen.

Viele von euch waren zur Faschingszeit schon einmal verkleidet und geschminkt oder mit einer Maske unterwegs und haben dabei erkannt, wie frei und ungezwungen sie sich in einer anderen Rolle bewegen konnten. Eure Routine und euer alltägliches Rollenspiel habt ihr vergessen – ihr lebt in einer anderen „Welt“ und getraut euch mutig auf fremde Dus zuzugehen und sie anzusprechen. Eine ursprüngliche Seite eures Selbst kann sich in diesen Momenten wie als Kind zum Ausdruck bringen. Warum soll diese wundervolle kindliche Offenheit durch eure Glaubenssätze und Verhaltensmuster länger unterdrückt werden? Erkennt, was euch einschränkt, und verändert eure Einstellung, eure Programmierungen!

Spiegel eures Selbst

Ihr selbst könnt euer momentanes Aussehen nur über einen Spiegel erkennen. Und genauso könnt ihr euch eures derzeitigen Inneren nur über das Äußere, eure Realität und eure Bewegung darin bewusst werden. Ihr seid das Zentrum, und alles, was spiegelbildlich um euch herum im Hier und Jetzt geschieht, habt ihr selbst realisiert, um daraus zu realisieren, dass ihr dafür verantwortlich seid.

Habt ihr jemals darüber nachgedacht, dass ihr euer Gesicht nie so seht, wie ihr das der anderen seht? Im Spiegel seht ihr euch verkehrt. Die linke Gesichtshälfte ist dort, wo beim Du die rechte ist. Nur auf Fotos und im Video könnt ihr euch so sehen, wie euch andere sehen. Foto und Video entsprechen jedoch nie dem Jetzt. Euer Ausdruck ist schon vergangen. Wirklich sehen könnt ihr euch selbst nur durch die im Außen, im Hier und Jetzt gespiegelten Projektionen – Teile, Aspekte eures großartigen Ichs.

Erinnert euch: **Das Du ist die Dunkelheit, die dazu dient, das Ich zu belichten!**

Und erinnert euch auch daran, dass ihr euch wie bei der Zellteilung zersplittert habt, und dass alles, was ihr wahrnehmt, Teil eures Selbst ist. Die Natur, das Wetter, die Tiere und insbesondere jeder Mensch, mit dem ihr zu einem bestimmten Zeitpunkt Kontakt habt, materialisieren einen Aspekt von euch und sind ein Spiegel eures momentanen Selbst. Der Austausch mit Mitmenschen ist im Grunde genommen das Zwie-(Zwei)Gespräch mit euch selbst. Das Du gibt euch die Möglichkeit, eure Gedanken in Worte zu fassen – sie zu be-tonen – mit dem Ton, dem Laut zu bündeln und dadurch zu verstärken. Da es aber auch das Echo eures Unbewussten ist, hilft es euch, euch dessen bewusst zu werden, was ihr belichten möchtet. Sobald ihr das Du als Aspekt eures Ichs betrachtet, erkennt ihr, dass Geschichten des Dus euch auf unbewusste eigene Denk-, Glaubens- und Verhaltensmuster hinweisen und ihr sie dadurch erkennen und verändern könnt.

Sicherlich habt ihr schon festgestellt, dass gewisse Menschen immer wieder in sich gleichende Situationen geraten. Oftmals wechseln sie ihre Partner, ihren Job, weil sie mies behandelt, nicht respektiert werden, und hoffen, in der Folge Besseres zu finden. Weil sie die Ursachen nicht in sich selbst suchen, bringt sie die nächste Beziehung, der nächste Job mit kleinen Nuancen wieder in dieselbe Lage, woraus sie sich wieder befreien müssen. Ohne Erkenntnis der eigenen gespeicherten Programme, die es zu verändern gilt, gibt es keine grundlegenden Veränderungen im Leben!

Wichtig ist, auch die guten und positiven Seiten von Dus zu sehen. Freut euch über alles, was fröhlich und „aufgestellt" ist – sei es ein Erwachsener, ein Kind, ein Tier oder die Sonne, die euch entgegenlacht. Achtet deshalb in vermeintlich traurigen Momenten auf eure unbewusste fröhliche Seite, die euch zeigt, dass ihr das Lachen und die Lebenslust immer innehabt.

Eure Bewusstseinsveränderung wird ebenfalls vom Gegenüber gespiegelt. Menschen verschwinden aus eurem Leben. Ihr habt über lange Zeit in gutem Einvernehmen mit ihnen gelebt, und plötzlich gibt es Differenzen, eine Trennung, ohne dass ihr eine Erklärung dafür findet. Wenn ihr euch selbst verändert, passen gewisse Projektionen nicht mehr in eure Realität. Sie gehen weg – ihr ent-materialisiert sie. Doch bringt das Beenden des einen immer auch das Neue. Werdet ihr etwa durch einen Umzug in eine andere Umgebung gezwungen und dazu, euch von Mitmenschen zu trennen, so erschafft ihr euch am neuen Wohnort neue Projektionen, die euch neue Perspektiven eröffnen und euch wachsen lassen. Es ist nicht Schicksal oder Zufall, sondern fällt euch zu („zu-ge-fallen", um nicht umzufallen), wenn ein Mensch euch verlässt, stirbt, oder wenn ihr neue Menschen kennenlernt.

Tod

Wenn in der Natur etwas stirbt, wird gleichzeitig etwas Neues erzeugt. So fallen die Blätter im Herbst zu Boden, weil der Baum seine Energie in sich hineinzieht, um im Frühling neue Blätter zu entwickeln. Das Alte hat seine Gültigkeit verloren und macht dem Neuen Platz. Nur durch Loslassen, Erledigen und sich Entledigen von Altem kann sich das Neue entfalten.

Ihr habt euch bestimmt schon mit dem Tod auseinandersetzen müssen, wenn ein liebgewonnenes Wesen, Mensch oder Tier, von euch gegangen ist. Ihr versteht dann sehr oft nicht, warum dies sein muss. Ihr seid euch dessen nicht bewusst, dass euer innerer Wille nach vorwärts euer Ich zu einer Veränderung zwingt, da die alte Lebensroutine keine Gültigkeit mehr hat.

Der Tod will euch lehren, dass ihr nicht in der Vergangenheit, in alten Gedanken und Strukturen verharren sollt. Alles hat zu seiner Zeit seine Gültigkeit und alles ist vergänglich. Nicht verwunderlich, dass im Wort „Vergänglichkeit" „Gang", „gehen" und „vergehen" stecken. Vorwärtsgehen könnt ihr nur, wenn ihr Vergangenes hinter euch und ruhen lasst.

Der Abschied von einem Wesen, aber auch von einem Gegenstand, zeigt immer eure geistige Fortbewegung. Alte Gedanken, ein Glaubensmuster, lösen sich auf und werden durch neue ersetzt. Seid nicht traurig, wenn sich etwas „erschöpft" und vergeht. Hängt nicht an dem, was früher war, sondern lasst Erinnerungen, Menschen und Situationen, die euch in alte Verhaltens- und Glaubensmuster zurückwerfen, los. Der Moment zählt. Das Hier und Jetzt ist immer anders als das Gestern. Leben heißt Bewegung und Veränderung.

In meiner Jugend sah ich im Schauspielhaus Zürich ein Theaterstück, bei dem eine Drehbühne verwendet wurde. Wovon das Stück handelte, weiß ich nicht mehr. Was jedoch einen tiefen Eindruck hinterlassen hat, war, dass nach einer gewissen Zeit der Hauptdarsteller durch eine Tür ging, die anderen Schau-

spieler hinter sich ließ und auf der neuen Bühne mit neuen Schauspielern seine Rolle weiterspielte.

Für mich ist es ein schönes Bild, was beim Tod geschieht. Der Verstorbene geht durch eine Tür und lässt uns zurück. Wenn wir Hinterbliebenen nicht verharren in „Ich kann ohne dich nicht leben" oder „Ich hätte doch noch dieses und jenes für dich tun sollen oder wollen", dann sind wir dazu bereit, ihn gehen zu lassen. So versuche ich Trauernde dazu zu ermutigen, den Verstorbenen loszulassen und ihm Gedanken der Kraft und Stärke für sein neues „Leben" mitzugeben, damit er seinen Weg in neue Dimensionen frei beschreiten kann.

Gedanken, Glaubens- und Verhaltensmuster

Eurem Vorwärtskommen sind immer Grenzen gesetzt, solange ihr an die Gültigkeit der Materie glaubt. Diese Grenzen, die ihr euch aus Überzeugungen heraus selbst gesetzt habt, werden euch immer wieder vor Augen geführt. Aber nur dadurch könnt ihr erfahren, dass ihr erst durch eine veränderte Sichtweise und Sprengung aller einengender Glaubensmuster zu echter Freiheit und Grenzenlosigkeit gelangen werdet.

Der Geist ist grenzenlos, frei und ewig. Alle Einschränkungen, Ängste, Befürchtungen und Vorstellungen von Endlichkeit, Vergänglichkeit, alle Konventionen und Normen habt ihr in der Jugend von euren Eltern übernommen und gespeichert. Sie haben euch gelehrt, dass ein Tisch oder eine Wand hart ist. Sie haben euch auch eingeimpft, dass ihr, wenn ihr mit nassen Haaren spazieren geht, krank werdet, und ihr wurdet es, usw. Im Laufe eures Lebens begegnen euch solche Ereignisse immer wieder, weshalb ihr sie als wahr empfindet. So sind eure Glaubens- und Denkmuster entstanden.

Ihr seid jedoch die Schöpfer eurer Wirklichkeit – sie widerspiegelt euch das, was ihr denkt und glaubt. Alles, was sichtbar ist, ist die bildliche Darstellung des Unsichtbaren. Dies zeigt sich zum Beispiel, wenn ihr ein neues Auto kaufen wollt. Kaum habt ihr euch für eine bestimmte Automarke entschieden, seht ihr auf den Straßen oder in der Werbung nur noch diese. Seid ihr selbst oder eine Freundin von euch schwanger, begegnen euch überall Frauen, die ein Kind erwarten. Oder ihr habt ein neues Lieblingswort, dann hört ihr es von allen Seiten.

Die Gedanken in eurem Inneren, die ihr durch Worte verdichtet, machen sich im Außen, in eurer Realität, sicht- und hörbar, sie haben die Kraft, sich zu materialisieren. Befürchtet ihr stets das Schlimmste, dann materialisieren sich durch diese Gedanken immer wieder Situationen, in denen ihr mit euren Ängsten konfrontiert werdet. Seid ihr voller negativer, das Leben und euch selbst verneinender Gedanken, dann spiegelt sich das in eurer Realität wider. Dabei überseht ihr das Positive: dass ihr mit eurem Willen und mit Mut etwas verändern könnt.

Anstatt mit „alten“ Freunden eure Probleme immer wieder zu erörtern, in Worte zu fassen, solltet ihr ein Problem mit jemandem besprechen, der dieses aus einer Distanz heraus betrachtet und euch auf die andere Seite der Münze aufmerksam macht. Dadurch könnt ihr beginnen, die Ursachen für das Problem bei euch selbst, in euren Gedanken und Verhaltensmustern zu suchen. Wie oft passierte es euch, dass ihr beim Wälzen von Problemen die Übersicht verloren, vor lauter Bäumen den Wald nicht mehr gesehen habt? In solchen Situationen steht und dreht ihr an Ort und werdet einem Sog gleich hinuntergezogen. Bewegt euch vor- und aufwärts, indem ihr die Lösungen in euch selbst findet!

Wie viele Menschen kennt ihr, die sich mit Kleidern, Schmuck oder Autos ein besseres Image machen wollen? Sie glauben, dadurch anderen besser zu gefallen oder höher gewertet zu werden. In Ge-fallen steckt „der Fall“ – sie fallen aus ihrer Mitte und oftmals auch in den Ruin. Sie machen sich klein, wenn sie glauben, dass sie durch Materielles höher be-wertet werden – sie sind sich ihres Wertes nicht bewusst.

Wollt ihr euch und eure Realität verändern, solltet ihr euch selbst und euer tägliches Leben aus einer gewissen Distanz betrachten, um daraus Schlüsse über euer Inneres zu ziehen.

Guckt euch im Spiegel an und fragt euch, ob die Frisur wirklich zu euch passt. Habt ihr euch möglicherweise einem Modetrend angepasst oder seid ihr auf die Wünsche eures Partners eingegangen? Habt ihr Kleider an, die euch, wenn ihr euch von hinten betrachtet, unförmig machen? Esst ihr Speisen, die euch nicht bekommen? Trefft ihr euch mit Bekannten z. B. nur der Kinder wegen? Solange ihr euch dem „alten“, von Glaubensmustern geprägten Bild des Außens anpasst, holt ihr euch immer wieder Situationen herbei, die euch in diesem Glauben bestätigen. Beginnt, ehrlich mit euch selbst zu sein, und fangt an, zu euch selbst zu stehen und euch zu vertrauen.

Diese Worte erinnern mich an die Zeit, als ich verheiratet war. Meine langen Haare waren durch immer mehr blonde Strähnchen und Dauerwellen wie Stroh geworden. Ich war nicht mehr ich selbst und entschied mich deshalb dazu, einen neuen Friseursalon mit amerikanischem Personal aufzusuchen. An jenem Morgen sagte mir mein Mann, der meine Frisur sehr schön fand: Komme ja nicht mit kurzen, dunklen Haaren zurück! Und für genau dies entschied ich mich – ich kam gestärkt und selbstbewusst nach Hause. Nach vier Monaten war ich auch für den nächsten Schritt, die Scheidung einzureichen, bereit.

Nehmt euch selbst in den Arm und akzeptiert euch! Warum sollt ihr euch nichts zutrauen? Warum soll es anderen gut gehen und euch nicht? Warum untergrabt ihr eure Wünsche und geht nur auf diejenigen anderer ein? Warum verpufft ihr Energie für andere und setzt sie nicht für euch selbst ein? Weshalb fühlt ihr euch so verloren? – Wie viele weitere Fragen könnt ihr euch noch stellen? Tut es, hinterfragt euch und werdet euch eures Glaubensmusters, dass das Du wichtiger ist als ihr selbst, bewusst! **Ihr seid das Zentrum, um das sich euer Umfeld dreht.** Geht es euch gut, dann geht es auch euren Nächsten gut. Nur wenn ihr realisiert, erfasst, dass ihr eure Realiät selbst realisiert, erschafft, und anders handelt, werdet ihr positive Veränderungen in eurem Leben bewirken.

Im Grunde genommen ist immer alles da – euer ursprüngliches Wissen und eure ganze innere Fülle ist in eurem irdischen Weltbild gespiegelt. Anfangs ist es schwierig, sich dieses Ganzen bewusst zu werden. So wie ihr ein Buch, das alles beinhaltet, Seite um Seite lest, um den Inhalt und den Sinn zu verstehen, so müsst ihr auch auf eurem Weg der Bewusstwerdung Schritt für Schritt vorgehen. Wenn ihr anfangt, euch mit euch selbst und euren Spiegelbildern eures großartigen Selbst auseinanderzusetzen, gehen Türen auf. Wenn ihr den Willen habt, euch selbst und euer Leben zu verändern, fallen euch die nötigen Hilfsmittel und Hinweise zu. Nur dies kann euch niemand und nichts abnehmen: dass ihr das, was euch widerfährt, hinterfragt und dass ihr nach dem Erkennen entsprechend handelt. Ihr müsst Verantwortung für euch selbst übernehmen. Ihr werdet durch Hilfsmittel wie Tarot, Bücher oder durch Hinweise von Mitmenschen auf gewisse Glaubensmuster aufmerksam gemacht, doch ihr allein müsst euch davon lösen. Ihr habt die Kraft und Macht in euch, das zu zerstören, was stört, und Neues aufzubauen. So wie ein altes Haus abgerissen werden muss, bevor ein neues gebaut werden kann, müsst ihr loslassen und ein neues, stabiles, gesichertes Fundament aufbauen. Dies gelingt euch, wenn ihr die Selbstzweifel hinter euch lasst. Eure neue positive Einstellung, eure veränderten

Handlungsweisen und die dadurch gewonnene Selbstsicherheit werden, wie am Computer, in eurem Inneren als neues Programm „gespeichert“.

Dazu eine Geschichte: Lange Zeit ging ich mit einer alten Bekannten und unseren Hunden spazieren. Sie war sehr vereinnehmend und negativ gepolt, erzählte immer nur von ihren Problemen. Dadurch übersah ich die Schönheit der Natur mit ihren täglich sich verändernden Stimmungen und ich kam regelmäßig betrübt nach Hause. Sogar die Hunde waren anderen gegenüber gehässig. Meine innere Stimme sagte mir, ich solle diese Routine beenden und mich auf mich selbst konzentrieren. Aber ich getraute mich nicht, Nein zu sagen. Kurze Zeit später bekam ich Schmerzen im Knie. Nun war es wirklich an der Zeit, dem Problem auf den Grund zu gehen. An die Warnung meines Inneren glaubte ich damals noch nicht ganz, und ich suchte in den Tarotkarten, mit denen ich mich damals viel beschäftigte, eine Bestätigung. Die Antwort lag mit der Hauptkarte „Trägheit“ auf dem Tisch. Ihre Bedeutung ist zu lernen, sich abzugrenzen und Nein zu sagen. Mir wurde bewusst, warum ich in meiner Bewegung eingeschränkt war und dass ich diese Beziehung hinter mir lassen musste. Trotzdem setzte ich mich noch dreimal derselben Situation aus, bis ich wirklich, ohne Skrupel, Nein sagen und zu meinen inneren Bedürfnissen stehen konnte. Ich habe daraus gelernt, dass sich eine Erkenntnis immer zuerst „setzen“, ein paar Mal „geübt“ werden muss, bevor das neu gespeicherte „Programm“ Wirkung, Erfolg zeigt.

Erlebt ihr im Außen immer wieder Situationen, in denen euch nicht wohl ist, müsst ihr euren inneren Wunsch nach Bewegung, Veränderung erkennen. Versetzt euch in die Rolle des Zuschauers in eurem Theater und denkt daran, dass ihr gleichzeitig der Regisseur seid, der solche Situationen wieder und wieder aufbauen wird, bis ihr als Autor euer „Schauspiel“ umschreibt, euer Sein umprogrammiert. Die neuen „Programme“ werdet und könnt ihr in der Folge durch Erleben, Handeln oder Worte verfestigen. Als Bestätigung wird euch das Publikum Applaus spenden, dafür, dass ihr die notwendigen Veränderungen gemacht habt und das Schauspiel interessant und spannend geworden ist.

Ganz wichtig ist, dass ihr euch nicht nur mit den nicht stimmigen Situationen auseinandersetzt, sondern euch auch auf die vielen positiven Erlebnisse konzentriert, die ihr tagtäglich erlebt.

Vor allem in der Natur gibt es so viel Schönes, das ja alles auch euer Spiegelbild ist. Hier könnt ihr erkennen, dass sich die Samen im Herbst im Boden „einnisten“, über den Winter „ausbrüten“, um im Frühling ins Außen zu sprießen. So nehmt ihr abends viele Gedanken in den Schlaf mit, die sich am nächsten Morgen materialisieren. Geht ihr abends mit wirrem Kopf ins Bett, weil zu viel auf euch eingedrungen und nicht verarbeitet ist, dann wacht ihr am nächsten Morgen mit Kopfschmerzen auf. Normalerweise schiebt ihr Kopfschmerzen auf ein Zuviel an Essen, Trinken und Rauchen, doch es sind die vielen Impulse, die ihr nicht „verdaut“ habt. Oder ihr nehmt den Gedanken, dass euch jemand angesteckt haben könnte, in den Schlaf mit und seid am nächsten Morgen krank.

Geht also abends mit positiven Gedanken und einem Lächeln ins Bett, um den nächsten Tag freudiger zu erleben. Und wenn ihr nachts aufwacht, eure Probleme sich in eurem Kopf im Kreis drehen und ihr aus dieser Spirale nicht mehr herauskommt, steht besser auf, nehmt ein Stück Papier und schreibt die positiven Erinnerungen an den vergangenen Tag auf. Ihr werdet feststellen, dass ihr nach kurzer Zeit wieder einschlaft und morgens gestärkt aufwacht. Denkt also vor dem Schlafengehen nicht an Probleme, sondern an die guten Dinge, die ihr tagsüber erlebt habt! Vielleicht sind es anfangs nur wenige, aber durch eure Konzentration auf das Positive und Schöne werdet ihr in eurer Realität mehr und mehr davon materialisieren. Da es kein Nacheinander gibt, ist die Lösung der Probleme ja ohnehin schon im Jetzt.

Eines Tages kam ich auf die Idee, vor dem Schlafengehen ein Tagebuch zu führen. Ich erlaubte mir nur das Positive niederzuschreiben, was anfangs ziemlich viel Zeit in Anspruch nahm. Ich war noch derart negativ gepolt, dass mir fast nur unbefriedigende Situationen in den Sinn kamen. Ich nahm mir vor, tagsüber mehr auf schöne Dinge zu achten und sie mir für den Abend zu merken. In den nächsten Wochen und Monaten waren meine Tage gespickt mit positiven Erlebnissen und interessanten neuen Begegnungen, und die Seiten meines Tagebuchs füllten sich immer mehr.

Ich habe vielen Freunden den Tipp, abends stichwortartig Positives in ein Tagebuch zu schreiben, weitergegeben. Diejenigen, die aus ihren Strukturen ausbrechen wollten, haben meinen Rat befolgt und haben ihre Einstellung und ihr Leben verändert; andere fanden die Idee zwar gut, aber es fehlte ihnen an der Zeit …

Jedes Du ist frei, etwas zu tun oder zu lassen, und jeder ist seines Glückes Schmied.

Das Wort

Und die Erde war wüst und leer, und es war finster auf der Tiefe, und der Geist Gottes schwebte auf dem Wasser. Und Gott sprach: Es werde Licht! Und es ward Licht.

Der Geist manifestiert sich durch das Wort.

Das Wort, aus dem die Welt „geworten“, geworden ist.

Das Wort hat Macht! Mit Wörtern bzw. der Sprache verdichtet und zentriert ihr Gedanken, be-tont sie, „druckt sie aus“ und werft sie ins Außen, von wo sie als Echo widerhallen.

Im Restaurant habt ihr die Speisekarte vor euch und wählt aus den geschriebenen Texten eine für euch stimmige Mahlzeit sowie euer Getränk aus. Ihr fasst eure Wünsche in Worte, die sich in Kürze materialisieren, ohne dass ihr euch der Hintergründe, des Werkens in der Küche, gewahr seid. Oder ihr fahrt mit dem Auto in die Stadt und braucht einen Parkplatz. Sprecht ihr den positiven Satz „Klar finde ich einen freien Platz“ aus, dann findet ihr ihn.

Aber wie wenig seid ihr euch dessen bewusst, was ihr sagt. Wie könnt ihr je schlank sein, wenn ihr jeden Tag das Gegenteil, „Ich bin zu dick“, in Worte fasst? Wie könnt ihr reich sein oder werden, wenn ihr euch selbst und anderen immer wieder sagt, dass ihr dieses oder jenes gerne haben würdet, aber zu wenig Geld habt? Wie kann euer Spiegelbild euch glücklich machen, wenn ihr euch ständig über kleine Makel aufregt? Wieso antwortet ihr auf ein Kompliment wie „Das Kleid steht dir gut“ mit: „Ach, es ist uralt“, statt einfach Danke zu sagen?

Werdet euch des „Ausflusses“, was und wie ihr etwas aussprecht, und der Konsequenzen bewusst. Denkt nochmals an eure Blutzirkulation. Ist der rote Fluss von eurem Herzen hinaus in euren Körper voller Gift, voller Negativität, dann meldet dieser zurück, dass er krank und schwach ist – ihr werdet krank. Denkt also zuerst, bevor ihr sprecht, und wählt nur noch solche Worte, die für euch und andere positiv sind. Das Positive wird wie ein Lächeln als Echo zu euch zurückkommen.

Das nachfolgende Erlebnis hat mich sehr viel gelehrt. Ein Freund von mir hatte im Tessin ein kleines Rustico mit drei Etagen. Zuoberst war das Schlafzimmer mit einer Fensterfront vom Boden bis zur Decke. Ich sprach meine Ängste, einer meiner Hunde könnte runterfallen, aus. Obwohl wir Vorkehrungen in Form eines ausgespannten Netzes trafen, passierte es. Bei einem Gewitter stürzte der Rüde – nicht aus dem Fenster, sondern die steile Treppe hinunter, und er blieb mit einem ausgekugelten Gelenk liegen. Meine in Worte gefassten Befürchtungen hatten sich materialisiert. Es war für mich ein sehr schlimmes Erlebnis und ich war froh, dass ich das Gelenk selbst wieder einrenken konnte. Seit damals achte ich sehr genau darauf, was ich ausspreche, breche einen negativ gepolten Satz sofort ab und ändere ihn ins Positive.

Ihr erhört das Gegenüber, seid ihm „hörig“, weil ihr ans Du, ans Außen glaubt. Solange ihr dem Du Macht gebt, haben auch die Worte des Du die Kraft, sich zu manifestieren, da es ja eigentlich eure eigenen Gedanken sind, die euch entgegengeworfen werden. Es sind eure angelernten, auf eurer „Festplatte“ gespeicherten Glaubensmuster wie: Wenn du dieses oder jenes tust, dann wirst du krank. Wenn du viel isst, dann wirst du dick. Wenn du nichts lernst, dann wirst du nichts. Wenn du zu viel trinkst, dann wirst du blöd usw. Ihr selbst glaubt an diese Worte, deshalb materialisieren sie sich.

Wenn ihr euer Schicksal beklagt, klagt ihr euch selbst an und verfallt in Selbstmitleid, weil ihr leidet. Denkt darüber nach, was Mitleid heißt: „mit leiden“. Doch ihr seid nicht geboren, um zu leiden. Ihr baut euch dieses irdische Dasein auf, um zu leben und zu genießen! Es gibt kein Schicksal, keine Schuld anderer – jeder ist allein für sich verantwortlich, jeder erschafft seine eigene Wirklichkeit. Beginnt also, euch dessen bewusst zu werden, was ihr in Worte fasst. Konzentriert euch darauf, das zu sagen, was gut und schön ist, statt Gewicht darauf zu legen, was alles falsch ist – euch und euer Leben zu vergiften. Positive Worte erhellen eure Realität.

Als ich begann, meine Worte ins Positive umzupolen, bemerkte ich, dass sich dabei im Hintergrund negative Gedanken bemerkbar machten. Wenn ich auf die Frage „Wie geht es dir?" neu mit „Mir geht es gut" antwortete, rief es in mir: „Eigentlich geht es mir doch schlecht." Diese alten, zerstörerischen „Giftzwerge" lernte ich mit einem lauten Nein „abzuschießen". Ich sagte mir immer, dass ich bisher so viel Glück hatte und es weiterhin habe. Dies brachte mir immer mehr Schönes in mein Leben. Heute weiß ich, dass ich glücklich bin, das Glück selbst realisiere und es deshalb als Echo zu mir zurückkommt.

Das Wort hat eine so große Bedeutung, dass ihr es in anderen Wörtern findet, zum Beispiel in „Verantwortung". Darin ist die „Antwort", das Echo, das „Anti-Wort". Das Wort ist Ton, ein Laut, Schall und eine Welle. Werft ihr einen Stein in einen See, dann ergeben sich kreisförmige Wellen, die zum Teil wieder zu euch zurückkommen. Was ihr aus eurem Inneren ausfließen lässt, kommt als Antwort von außen wieder zu euch zurück. Gleichzeitig gehen die Wellen in alle Richtungen. Wenn ihr also eure Wortwahl verändert, strömt diese in alle Richtungen aus und bewirkt die Veränderung eurer Realität.

Das gesprochene Wort ist Bewegung und entspricht einem Fluss, aber es wird auch auf Papier gedruckt. Daher „Einfluss" und „Eindruck". Ihr nehmt an, dass euch das Außen beeinflusst oder beeindruckt. Dem ist nicht so. Ihr selbst seid die Autoren, die Erschaffer eurer Wirklichkeit. Mit eurem gesprochenen oder geschriebenen Wort „be-stimmt" ihr euch und euer Leben. Ihr seid für eure Worte und Antworten selbst verantwortlich! Werdet euch des tieferen Sinns hinter allem bewusst und verändert eure Ansichten und Aussagen, damit euch die Antworten erfreuen.

In „Wort" steckt auch „Ort". Ihr findet über das Wort zu eurem wahren Stand-Ort, indem ihr mit eurem Ver-Stand die logischen Zusammenhänge ver-steht und euch selbst „ortet". Orten bedeutet, die Lage oder Situation zu bestimmen. So heißt „orten" im Grunde genommen nichts anderes, als sich seiner selbst bewusst zu werden.

Euch euer selbst bewusst werden könnt ihr auch über Erzählungen von Mitmenschen, die Echos eures Inneren sind. Ihr hört sie euch an und seid schnell dazu bereit, dem Gegenüber Ratschläge (Rat-Schläge) zu erteilen. Erkennt neu, dass das, was ihr hört, ein Kapitel in eurem eigenen Buch ist, eure eigene momentane Lage beleuchtet und dass eure Antworten immer Botschaften an euch selbst sind.

Hilfsmittel zur Selbsterkennung

Alle Hilfsmittel wie Karten, Astrologie, Numerologie, Runen, Bachblüten und manches mehr habt ihr euch „erschaffen", um „wahrzusagen". Wahrsagen wird oft mit Prognosen in Zusammenhang gebracht. Richtig aber ist, dass ihr die Wahrheit über euer momentanes Denken und Glauben erfahrt. Denn ihr erschafft das Neue aus dem Jetzt. Zukunftsprognosen sind deshalb problematisch, weil ihr euch auf etwas, was irgendwann vielleicht geschieht, versteift. Ihr erwartet, das heißt, ihr wartet auf Dinge und Situationen, ob sie gut oder schlecht sein mögen, und seid damit nicht für Veränderungen offen. Ihr baut euch durch eine Prognose einen Glauben auf, aus welchem heraus ihr euren Blick nur auf die sich in der Realität manifestierende Bestätigung richtet.

Wenn meine Freundinnen und ich Karten legen, uns deren Aussagen bewusst werden und sie Minuten später erneut legen, dann ergibt sich eine andere Aussage. Denn wir haben im Gespräch die Probleme erkannt und Ideen für eine Veränderung entwickelt. Durch die Karten erfassen wir das Hier und Jetzt, wir verändern uns durch Bewusstwerdung unserer Glaubens- und Verhaltensmuster und erschaffen deshalb gleich darauf ein anderes Echo.

Alle Hilfsmittel wie auch Menschen, Tiere, Situationen, Krankheiten, selbst einen Film im Fernsehen oder ein Buch materialisiert ihr, um euer wahres Ich aus einer anderen Perspektive zu sehen, kennenzulernen und dadurch eure Ansichten und Vorurteile zu verändern.

Was ihr erlebt, betrachtet oder hört, führt euch zu immer tieferen Erkenntnissen über euch selbst. Das Außen ist die Zersplitterung und Teilung eures Selbst in unzählige Wesen, Bilder und Symbole. Ihr aber steht immer im Zentrum und habt eure subjektive Wahrnehmung. Bleibt deshalb bei euch und konzentriert euch auf das, was euch widerfährt. Werdet euch eurer Verantwortung euch selbst gegenüber bewusst!

Ihr werdet anfangen, auf andere Weise zu sehen und zuzuhören. Ihr werdet lernen, Situationen „übersetzen“ zu können, aus dem Schau-Spiel, das ihr erlebt, die zentralen Themen auf euch „umzusetzen“ und zu euch selbst in Bezug zu bringen. Dies ist der Schritt in ein verändertes Denken und in eine neue Bewusstseinsdimension. Nicht mehr das, was ist, als solches gelten zu lassen, sondern zu realisieren, wie ihr es verändern, es anders realisieren könnt. Öffnet euch dem Inneren, dem Hintergründigen, und ihr werdet feststellen, dass ihr für eure innere Stimme und eure Eingebungen durchlässig werdet. Dies wird euch Sicherheit und Vertrauen in eure eigene Wahrnehmung geben, und die Realität wird klarer und transparenter. Je konzentrierter ihr euch mit ihr auseinandersetzt, desto schneller könnt ihr euch aus den Verstrickungen und Fesseln befreien und euch selbst und euer Leben verändern.

Veränderung ist Bewegung. Das Blut, euer Lebenselixier, widerspiegelt euch diesen Fluss von hinaus, hinein, und umgekehrt von hinein, hinaus – von ***Realisieren und Realisieren***. Im Diesseits, wo sich diese Bewegung unter anderem durch die Zeit manifestiert, folgt immer das eine dem anderen. Dies ist eure Erfahrung in der Polarität. Je mehr ihr also das Fließen zwischen dem Ich und dem Ganzen, zwischen eurem Inneren und dem Außen erfasst, desto mehr erkennt ihr eure eigenen Schranken und könnt sie mit einem Lächeln durchbrechen. Durch die Konzentration auf das Momentane werden auch eure Gedanken, Worte und euer Bewusstsein klarer und positiver. Alles, was ist, werdet ihr letztendlich auf einen einzigen Punkt, die 0, zentrieren können.

Die Zentrierung auf euch selbst entspricht dem Schwarz, dem Kern und damit der geballten Energie. Diese Symbolik haben Zielscheiben oder die sogenannten schwarzen Löcher. Früher wurde angenommen, dass UFOs (Unidentified flying Objects) durch solche schwarzen Löcher in unsere Galaxie „schlüpfen“ und sich hier materialisieren. Auch das Bild des UFOs erschafft ihr euch selbst, um euch bewusst zu werden, dass ihr fähig seid, in anderen Dimensionen denken und euch über Zeit und Raum erheben zu können.

Als ich begann, mich mit den verschiedenen Hilfsmitteln zu beschäftigen, faszinierten mich Geschichten von Außerirdischen. Eines Abends, als ich vor meinem Haus eine Freundin verabschiedete, mit der ich mich intensiv über solche Geschichten unterhalten hatte, erschien am Nachthimmel ein sich uns näherndes Licht. Wir kehrten auf meinen Balkon zurück und beobachteten das Objekt, welches plötzlich stehen blieb. Es war in der Mitte gelb, wie ein großer Stern, und leuchtete oben rot. Unten drehte es sich und strahlte, Scheinwerfern gleich, grünes Licht aus. Wir riefen den Tower des Flughafens Zürich an. Damals war das möglich. Der diensthabende Leiter sagte uns, dass kein Flugzeug auf dem Radar zu sehen sei und dass es sich um etwas nicht Erklärbares handeln müsse. Er bekomme nachts sehr oft solche Anrufe, habe aber leider selbst noch nie eine Erscheinung, wie sie ihm beschrieben wurde, gesichtet. Nach ungefähr zwei Stunden sauste das Licht mit einer unglaublichen Geschwindigkeit nach Westen und verschwand.

Aus unserer Konzentration auf das Thema Außerirdische hat sich dieses Erlebnis materialisiert.

Und es ist noch einmal geschehen. Während eines Ferienaufenthalts auf Mallorca saßen eine Freundin und ich am Meer und betrachteten den Sternenhimmel. Ich sagte beiläufig: Heute Nacht ist es möglich, dass wir ein UFO sehen … Meine Worte materialisierten sich: Ein grelles Licht wie damals erschien aus dem Nichts, bewegte sich auf uns zu und sauste nach einer gewissen Zeit wieder mit nicht erklärbarer Geschwindigkeit Richtung Westen davon.

Findet ihr zu eurem Zentrum, dem Schwarz, zurück, dann werdet ihr, dem Weiß (ich weiß) entsprechend, alle Fragen und Probleme lösen. Denn Schwarz ist Weiß – Materie ist Geist. Seid euch der Bewegung in Form der 8, die innen und außen vereint, bewusst. Dadurch ist eure Seele nicht mehr gespalten – der Fluss verläuft harmonisch und voller Liebe. Ihr werdet euch dann eures multidimensionalen Ichs, eurer wahren Begabungen, Wünsche und Bedürfnisse bewusst und beginnt, diese auszuleben und zu genießen. Je glücklicher und zufriedener ihr seid, je mehr ihr euch selbst anerkennt und liebt, desto erfreulicher und „farbenprächtiger" wird euer Leben. Brecht jetzt eure Mauern auf, damit sich eure innere Fülle in die Realität ergießen kann.

Setzt euch also mit den Hilfsmitteln, die um euch herum jederzeit präsent sind, und mit euch selbst auseinander und fragt euch:

- WARUM?
- Was würde ich gerne tun?
- Was hindert mich daran, es zu tun?
- Was zwingt mich dazu, Dinge zu tun, die ich nicht tun möchte?

Euch werden noch viele Fragen in den Sinn kommen.

Wenn ihr euch hintersinnt, wie z. B. was wohl das Du über euch meint und sagt, dann dreht ihr euch im Kreis. Ihr gebt dem Du Macht, sucht vergeblich nach Erklärungen oder Lösungen und geratet dadurch immer mehr in eine sich abwärts drehende Spirale. Ihr fühlt euch leer, weil ihr eure Energien vergeudet. Die Vergangenheitsform von sich hintersinnen ist „hintersonnen" – ihr seid hinter den Sonnen, hinter dem Licht. Das könnt ihr ändern.

Seid endlich ehrlich mit euch selbst und übernehmt Verantwortung für euch selbst. Im Grunde genommen ist es nur euer gespeicherter Glaube, dass etwas immer so war und darum immer so sein muss und ihr nichts ändern könnt. Nein, alles ist vergänglich und „wunderbar" wandelbar!

Als Erstes wird nun ein Blick auf eure eigenen, körperlichen Hilfsmittel geworfen, die Sinne und die Krankheiten, im Folgenden auf die Hilfsmittel im Außen, Bachblüten, Tarot, Astrologie usw.

Die Sinne

So wie ihr fünf Finger habt, um greifen zu können, so habt ihr fünf „materielle“ Sinne, um zu begreifen: Sehen, Hören, Riechen, Schmecken und Tasten. Mit diesen fünf Sinnen könnt ihr wahrnehmen und dann hinterfragen, was ihr seht, hört, riecht, schmeckt oder tastet. Sie sind eure ureigenen Hilfsmittel der Bewusstwerdung.

Jemand hat seine fünf Sinne nicht beisammen, das heißt, jemand ist nicht recht bei Verstand, er steht nicht zu sich, hat keinen eigenen Standpunkt. Ist jemand seiner Sinne nicht mehr mächtig, dann hat er sich nicht mehr unter Kontrolle.

Mit ***Sehen*** nehmt ihr wahr, worauf ihr euren Blick richtet. Ihr seht Bilder, die Symbole und Spiegel eures Wesens sind, die das für euch Wichtige aus verschiedenen Blickwinkeln widerspiegeln. Lernt, diese verschiedenen Bilder zu einem einzigen zu vereinen, so wie ihr die Tausenden von farbigen, sich bewegenden Pünktchen, Pixel, im Fernsehen zu Bildern verdichtet. Denn das Bild, das ihr seht, ist der Ausdruck dessen, was ihr zuvor, so wie im Computer, eingegeben habt.

Wie in der Computersprache, die auf 0 und 1, Ja und Nein, also auf der Polarität aufgebaut ist, ist in den Bildern immer sowohl die ganze Wahrheit als auch das momentane Bewusstsein des Ichs dargestellt. Die Spiegelung im Außen ist also Wahrheit und Täuschung. Denn ihr täuscht euch selbst, wenn ihr euch des Ganzen nicht bewusst seid. Ihr konzentriert euch nur auf gewisse Ausschnitte und teilt euch, spaltet euer Selbst, was Gespaltenheit des Ichs bedeutet.

Wenn ihr jedoch die Lage aus anderer Sicht „anlugt“ (was im Schweizerdeutschen „anschauen“ heißt), dann löst sich der Lug, mit dem ihr seit Jahren lebt, auf, und ihr werdet euch dessen bewusst, dass ihr „liegt“ und wo ihr liegt, anstatt euch zu bewegen. Ihr erkennt, worauf ihr Wert gelegt habt und worauf ihr neu, mit verändertem Bewusstsein, Wert „legen“ müsst. Je mehr ihr euch auf das Ich konzentriert und das ganze gespiegelte Weltbild auf euch selbst umsetzt, desto mehr erweitert sich eure geistige und ganzheitliche Sicht. Nicht sowohl als auch, sondern gleichpolig, gleichzeitig und gleich-gültig.

Sind sehr junge Menschen eher „kurzsichtig", so zeigt sich bei älteren Menschen, die „reifer" und „weiser" sind, Weit-Sichtigkeit. Die Jugend denkt nicht an das Morgen – sie lebt! Sie ist sich Gefahren noch nicht bewusst. Ihr fehlt die Reife, die erweiterte Sicht. Weitsicht bedeutet, dass ihr die Dinge aus einer Distanz betrachtet, um das Ganze zu erfassen. Das darf aber nicht dazu verleiten, in Erinnerungen, in der traurigen oder „schönen" Vergangenheit hängen zu bleiben oder aber nur ans Morgen zu denken, statt im Hier und Jetzt zu leben und sich zu freuen. Öffnet eure Augen und vereint die kurze und die weite Sicht!

Im Fernsehen sah ich, wie ein Erdbeben Teile von San Francisco zerstörte. Was wollte mir diese Geschichte sagen? Ich dachte darüber nach, wie viele Menschen jetzt umziehen mussten, und fragte mich, ob dies wohl auch mich treffen könnte. Und siehe da, ohne Vorwarnung seitens der Besitzer flatterte mir drei Tage später die Kündigung ins Haus. Unbewusst war ich es selbst, die eine Veränderung realisierte, und sie wurde mir über das Außen, im TV, vor-gespiegelt.

Seit meiner Kindheit dachte ich mir Zeichen aus, um zu erkennen. Während meiner Schulzeit war ich schon so „gut" darin, dass ich durch Rotlichter und andere Hinweise meine Noten im Voraus kannte. So erlebte ich nach Prüfungen nie eine Überraschung, denn ich wusste bereits, was mich erwartete.

Für meinen Rüden wollte ich eine Gefährtin finden und suchte als Zeichen vier- und fünfblättrige Kleeblätter. Dreimal verpuffte ich meine Energien, weil ich, obwohl ich kein positives Zeichen gefunden hatte, Reisen unternahm, um mir Hunde anzusehen. Dann entdeckte ich eine Zucht, die „per Zufall" neben 17 Welpen auch zwei vierjährige Hündinnen (was ich mir gewünscht hatte) abzugeben hatte. Meine Zeichen waren positiv – ich fand ein vierblättriges Kleeblatt sowohl auf die Frage, ob diese Zucht die richtige war, als auch ein fünfblättriges Kleeblatt auf die Frage, ob eine der beiden Hündinnen zu uns passte. Auf dem Weg zur Zucht setzte ich mir das nächste Zeichen, indem ich den „Einfall" hatte, dass mein Rüde der „richtigen" Hündin einen „Kuss" geben sollte. Das Problem bei den Hunden, die ich zuvor angeschaut hatte, war immer, dass sie zwar sofort zu mir kamen, sich auf meinem Schoß breitmachten, aber knurrten, wenn mein Rüde in die Nähe kam. Der Kuss sollte mir Klarheit geben, welche der beiden Hündinnen unser Leben erweitern sollte. Es funktionierte wunderbar: Die eine Hündin kam auf meinen Schoß, die andere aber, die mich überhaupt nicht beachtete, bekam den Kuss. Mir wurde bewusst, dass ich in vielen Situationen nicht aus dem Kopf heraus Entscheidungen treffen musste, sondern mein inneres Baby sie für mich übernahm, ich mir vertrauen und „es“ fließen lassen konnte.

Diese Geschichten haben mich gelehrt, mich von einseitiger Sichtweise und Verbohrtheit in eine Idee zu befreien. Haben wir Vertrauen in uns selbst, dann können wir uns auf solche Zeichen verlassen. Sie sind das Echo unseres Inneren und geben uns die Möglichkeit, uns für diejenigen Dinge, Menschen oder Situationen zu öffnen, die unserer Entwicklung positiv entsprechen.

Hören – zuhören, erhören, auf-hören, dazugehören, horchen, gehorchen.

Durch Hören werdet ihr euch des Lärms und der Stille bewusst. Menschen, die nicht hören, sind taub. Die Taube, der Vogel, wird mit Frieden in Verbindung gebracht. Frieden bedeutet Harmonie und Gleichgewicht. Ihr verliert euer Gleichgewicht und verspürt ein Schwindelgefühl, wenn ihr Probleme mit den Ohren habt.

Die Ohren haben wie alle Sinnesorgane mit der Verbindung zwischen innen und außen zu tun. Mit dem Gehörsinn könnt ihr das Echo eurer Gedanken, eure eigenen Worte erfassen und euch auch eurer inneren Stimme bewusst werden. Lernt zuzuhören, aber auch euch selbst zu erhören, auf euch selbst zu horchen und nicht mehr dem Du zu gehorchen.

Dazu wieder eine Geschichte: Ich hatte eine neue Beziehung und war nach einer gewissen Zeit zum ersten Mal seit Jahren dazu bereit, einem Mann den Schlüssel zu meiner Wohnung zu geben, ihm damit mein Inneres zu öffnen. Es ging nicht lange und mir war ständig schwindlig. Ich suchte Hilfe bei Schwindel-Experten im Universitätsspital, die mich drehten, wendeten, mir an die Ohren klopften, um die Kristalle herauszuschütteln, und mich sogar auf den Kopf stellten. Es half alles nichts. Da hatte ich eine Eingebung: Ich schwindelte mir mit dem Glauben, dass meine Beziehung länger währen könnte, etwas vor. Ich überhörte die ständigen Vorwürfe und Zurechtweisungen meines Partners und verdrängte sie. In dem Moment, als ich die Beziehung durchblickte und beendete, war der Schwindel vorbei!

Interessant ist, dass im Verb „gehören“ das „Gehör“ steckt. Gehören bedeutet besitzen, einer Gruppe zugehören. Wenn ihr genau zuhört, könnt ihr euch dessen bewusst werden, welchen Menschen und Gedanken ihr „hörig" seid, das heißt, wer oder was euch „den Tarif durchgibt", wer oder was euch Konditionen auferlegt und euch unmündig macht. Hört auf! Lernt, mit welchen Glaubenssätzen ihr euch selbst einengt und begrenzt, und lernt einzuschätzen, was Gültigkeit für euch hat und was nicht. Dadurch stärkt ihr eure Sicherheit und baut Vertrauen in euch selbst und eure Wahrnehmung auf. Dann könnt ihr alle Situationen meistern, da ihr zu euch selbst steht.

Schlechtes Hören weist darauf hin, dass ihr euer inneres Ich nicht erhören wollt. Ihr seid von eurem Zentrum getrennt, macht dicht und lasst das Leben und die Bewegung an euch vorbeiziehen. So wie meist ältere Mitmenschen, die nicht gut hören, sich aus dem Gespräch zurückziehen und damit das Hier und Jetzt verpassen. Spitzt also eure Ohren und setzt euch mit dem gesprochenen Wort auseinander, um der inneren Stimme gewahr zu werden. Hört auch auf eure eigenen Worte und erkennt, dass das, was ihr anderen ratet, immer auch mit euch selbst zu tun hat, denn das Gegenüber spiegelt euch den jetzigen eigenen Standpunkt.

Hört, was ihr selbst durch eure eigenen Worte gedankenlos nach außen zum Ausdruck bringt. Wie bereits im Kapitel „Das Wort" betont: Seid achtsam und ertappt euch, wenn ihr Negatives über euch selbst sagt: „Ich werde krank", „Ich bin zu dick", „Meine Haare sind heute hässlich" usw. Jedes Wort ist machtvoll und prägt sich eurem Unterbewusstsein immer wieder ein. Erinnert euch: Das Wort, aus dem die Welt „geworten" ist. Wie wichtig ist es also, Positives in Worte zu fassen, um ein positives Echo zu hören!

Riechen – kriechen, reichen, reich

Durch Riechen erkennt ihr, ob etwas stinkt oder wohlriechend ist. Wenn es im Außen stinkt, dann könnt ihr euch fragen, was euch selbst „stinkt" – z.B. zu tun oder zu warten. Einen guten Riecher für etwas zu haben heißt, Instinkt, Intuition, ein inneres Wissen zu haben. Ihr handelt instinktiv, ohne abzuwägen, ohne alte Erfahrungswerte mit einzubeziehen. Verblüffend ist, dass Instinkt „stinkt" in sich hat.

Ist eure Nase verstopft, klemmt ihr eure geistigen Eingebungen ab, verstopft quasi die Leitungen. Ihr seid in der Tretmühle des Lebens und im Netzwerk eurer Glaubens- und Verhaltensmuster gefangen, weil ihr euch der neuen Impulse, die tagtäglich auf euch „einfließen", nicht bewusst und für die neuen Herausforderungen, die euch erweitern würden, nicht offen seid.

Die Geschichte meiner ständig verstopften Nase habe ich euch im Vorwort erzählt. Ich hatte danach noch einige Male Phasen, in denen ich nachts keine Luft bekam. Jedes Mal war der Grund, dass ich mich vom Du oder von Verpflichtungen vereinnahmen ließ. Nach der Befreiung aus diesen Fesseln war meine Nase wieder so frei, wie ich mich fühlte.

Eine andere „merk-würdige" (würdig, sich zu merken) Geschichte: Eine Freundin hatte mir eine Wahrsagerin empfohlen. Als diese mir die Türe öffnete, kam mir ein grauenvoller Gestank von übergekochter Milch entgegen. Schon war ich auf Vorsicht gepolt. Dann behauptete diese Dame, dass mein Aszendent Jungfrau statt, wie ich wusste, Stier war. Sie betonte, dass ich Magenprobleme hätte, und prophezeite mir sogar Magengeschwüre. Zu Hause kontaktierte ich eine Freundin, die in Astrologie sattelfest war, und wir konnten eruieren, dass die Wahrsagerin wohl 06:10 Uhr morgens mit 16:10 Uhr verwechselt hatte. Diese tat sich schwer, ihren Fehler zuzugeben und offerierte mir eine weitere Sitzung, an der ich aber kein Interesse mehr hatte.

Werdet euch des „Geruchs" bewusst, dann könnt ihr erfassen, welche Menschen oder Situationen euch „vergasen" und vergiften und welche wohlriechend und wohlwollend sind und euch die Möglichkeit geben, euer Selbst wie eine Blume erblühen und sich entfalten zu lassen. Solange ihr nicht richtig riecht, kriecht ihr, fühlt euch minderwertig und arm. Erkennt ihr jedoch, dass ihr gut seid, alles immer richtig macht und „reich" (an Erfahrungen und Wissen) seid, dann löst sich das Kriechen auf. Ihr könnt jedem Menschen, jedem Teil eures Selbst die Hand reichen, weil ihr euch dessen bewusst seid, dass alles eins ist und alles, was ist, Teil eures Selbst ist – die Natur, die ganze Welt, das ganze All. Dieses Wissen ist wahrer Reichtum.

Schmecken

„Geschmackssinn" – Geschmack habt ihr auch bezüglich Mode, Kunst und in eurem Leben ganz allgemein. Ihr kommt auf den Geschmack, ihr habt plötzlich eine Vorliebe für etwas – es schmeckt euch. Somit hat der Geschmackssinn mit eurer Bewegung und Entwicklung zu tun. Nur wenn ihr etwas versucht, etwas wagt, könnt ihr erkennen, ob es euch schmeckt oder nicht. Wenn ihr euch jedoch nicht stark genug fühlt, schlagen euch Versuchungen auf den Magen, und wenn ihr zu viel versucht, verdaut ihr schlecht.

In „Versuchung“ steckt die Suche. Die Suche nach euch selbst. Solange ihr Genuss nur im Außen sucht, werdet ihr niemals die echte Erfüllung finden. Ihr versucht, eure Gelüste und Begierden mit Irdischem zu befriedigen, und richtet und verurteilt, wenn etwas nicht nach eurem Geschmack ist. Ihr habt Vorlieben, ihr liebt etwas mehr als anderes. Ihr richtet eure Aufmerksamkeit auf etwas Spezielles, in eine Richtung. Dies gilt nicht nur für das Essen, sondern für eure momentane Einstellung, aus welcher heraus ihr etwas ablehnt oder annehmt. Solange ihr das eine liebt und das andere verurteilt, seid ihr nicht eins mit euch selbst.

Euer Weg zum Ganzen führt euch aus der Verurteilung in die Beurteilung dessen, was für euch Gültigkeit hat und was nicht. Mit dem Geschmackssinn werdet ihr euch bewusst, was euch schmeckt, egal ob es den anderen gefällt oder nicht. Es soll euch auch egal sein, wenn die anderen sagen, dieses oder jenes sollte man tun oder nicht tun, wichtig ist, dass ihr ehrlich mit euch selbst seid. Lebt und bejaht euch selbst.

Ihr glaubt an „Gift“, an das Negative, und habt Angst davor. *Gift* heißt auf Englisch aber Geschenk, Gabe und auch Begabung, Talent. Wenn ihr Gift, eure Gabe verneint und euch davor fürchtet, habt ihr Angst vor eurem wahren schöpferischen Potenzial. Ihr schluckt, was das Außen sagt, und werdet krank, gleichzeitig schluckt ihr auch eure echten Wünsche und Begierden in euch hinein, anstatt sie auszuspucken. Nehmt durch Situationen im Außen wahr, was euch wirklich schmeckt, und steht dazu. Teilt mit, was ihr möchtet, was euch „mundet“. Überlegt nicht, was der andere wohl möchte, sondern seid mündig und sprecht eure Wünsche aus. Verbindet euer Inneres mit dem Außen, seid im Einklang mit euch selbst, und das Außen wird sich harmonisch entfalten.

Tasten – abtasten, testen.
Die Auseinandersetzung mit der Materie bringt euch Prüfungen, mit denen ihr euch testen wollt. Mit jedem erfolgreich bestandenen Test macht ihr einen Schritt vorwärts. Besteht ihr immer und immer wieder neue Tests, dann wird das ganze Leben ein rauschendes Fest. Das ist euer Ziel, das Paradies auf Erden, nicht Krampf und Kampf, sondern

Feiern und Schwelgen. Tastet ihr jedoch immer vorsichtig und vernünftig ab, überlegt ihr euch lange, bevor ihr etwas aussprecht oder tut, dann verliert ihr die Spontaneität und verpasst die Chance, den Moment. Und der Moment zählt – nicht das, was gestern war oder morgen sein wird, sondern das Jetzt.

Tasten geschieht durch die Hautzellen, insbesondere durch die der Hände. Ihr erkennt z. B., ob eine Fläche rau oder glatt, kalt oder warm, steinig oder sandig ist. Mit der Haut grenzt ihr euer Inneres vom Außen ab. Sie gibt euch den nötigen Schutz, damit euer Zentrum nicht verletzt wird. Je dicker euer Panzer ist, desto gefühlloser und härter seid ihr, sowohl gegenüber dem Außen, wo ihr Mitmenschen „überrennt", weil euch das nötige Feingefühl fehlt, als auch gegenüber eurem Inneren, wo ihr euch selbst und eure Bedürfnisse und Wünsche „überfahrt" und unterdrückt.

Tasten kennt ihr auch vom Klavier. Ihr drückt Tasten, um Töne, Melodien zu erzeugen. Der Ton ist eine Welle, ein Schall, eine Schwingung. Ton ist auch Erde, mit der ihr Gestalten formt, die euch „ansprechen". Mit Tönen, mit in Worte verdichteten Gedanken formt und gestaltet ihr die Materie. Wenn ihr euch vom Glauben an die Realität und an das Du nicht mehr unter- und erdrücken lasst, schwingt ihr, und die Melodien, die euch als Echo entgegenkommen, fließen harmonisch. Ihr fühlt, wie euer Druck sich löst und ihr euch dem Fluss der inneren Bewegung hingeben könnt. Befreit euch mit „Tasten" also vom äußeren Druck und von euren Zwängen, aus dem Kasten, der Absonderung, der Strenge. Kasteit und bestraft euch nicht länger, sondern lasst euch umarmen und umgarnen, streicheln und umschmeicheln. Ihr habt das Recht dazu, denn ihr seid gut, einmalig und wertvoll!

Der sechste Sinn – „Fühlsinn", das innere Wahrnehmen

Auf eurem Entwicklungsweg in die geistige „Welt" werdet ihr feststellen, dass ihr den sechsten Sinn schon immer genutzt habt, ohne euch darüber Gedanken gemacht zu haben. Er ist eure geistige Wahrnehmung: Ohne materiellen Grund empfindet ihr einen Ort, eine Wohnung, einen Menschen als kalt und unangenehm, an anderen Orten, mit anderen Menschen fühlt ihr euch sofort pudelwohl. Ohne zu wissen warum empfindet ihr Angst, Schmerz, Trauer oder Wärme, Fröhlichkeit, Unternehmungslust – ihr fühlt euch müde, erschlagen oder körperlich und geistig topfit.

Hier geht es um das Sich-Fühlen, um das Sich-Bewusst-Werden eures inneren Befindens bei äußeren Geschehnissen. Bei Sonnenschein fühlt ihr euch meist wohl, frei und entspannt, aber manchmal fühlt ihr euch unglücklich, alleingelassen oder schuldig. Die Ursachen dafür liegen in euren gespeicherten Glaubensmustern, die euch so lange Probleme machen, bis ihr sie erkannt und gelöscht habt.

Verwechselt den sechsten Sinn nicht mit Mit-Gefühl. Solange ihr an die Wichtigkeit des Dus glaubt, habt ihr das Gefühl, dass das Du dieses oder jenes benötigt, damit es ihm besser geht. Ihr versucht, in das Du hineinzuschlüpfen. Mit dieser Haltung vergeudet ihr eure Energien und fühlt euch in der Folge ausgelaugt, vom Du ausgesaugt. Das hilft weder euch noch dem Du. Bezieht alle Bedürfnisse, die ihr für das Du befriedigen wollt, auf euch selbst und nutzt eure wertvolle Energie für euch selbst. Erst wenn ihr euch selbst liebt, werdet ihr diese Liebe kompromisslos ans Du weitergeben können.

Ebenso wenig gehören die Spekulationen zum sechsten Sinn, etwa: „Ich habe das Gefühl, dass es regnen wird.“ Vergesst nicht, dass ihr die Macher eurer Realität seid. Spekulationen drücken nur eure Glaubensmuster, gespeicherten Erinnerungen, eure Befürchtungen oder eure Hoffnungen aus. Die innere Sicherheit fehlt euch. Eure neue Einstellung soll sein: „Ich weiß, dass es regnet, weil ich den Regen materialisiere.“

Bei Tieren könnt ihr den sechsten Sinn sehr gut erkennen: Wildtiere fliehen bis zu 24 Stunden vor einem Tsunami, einem Erdbeben oder einem Orkan. Euer Hund oder eure Katze spürt Stunden vorher ein Gewitter und erkennt auch, wenn ein Mensch Angst oder Krankheit ausdünstet.

Wenn ihr also etwas oder jemanden als unangenehm emp-findet, trennt euch davon und schließt euch glücklichen und fröhlichen Aspekten eures Selbst an!

Benützt euren Spürsinn, „fühlt“ euch selbst und vertraut euch selbst!

Der siebte Sinn

Im Gegensatz zum sechsten Sinn, dem Fühlen, kommt das „Wissen“ nicht aus der Wahrnehmung von äußeren Geschehnissen, sondern direkt aus eurem Inneren. Ihr habt eine plötzliche Eingebung, eine Erleuchtung, eine Offenbarung. Ihr wisst z. B. plötzlich, dass ihr jetzt eine Entscheidung fällen, etwas verändern müsst. Stellt euch vor, ihr habt „weiße“ (ich weiß) Antennen, die euch mit eurem innersten Selbst verbinden. Euer inneres Baby führt euch dahin, wo etwas für euch noch Unbekanntes, aber Wichtiges ist: Ihr stoßt beim Surfen im Internet plötzlich auf die Webseite, die euch eine neue Welt eröffnet. Oder ihr entscheidet euch von einer Sekunde auf die andere, statt wie geplant weiße Orchideen violette Hortensien zu kaufen oder einem Besucher einen Campari anzubieten und nicht Rotwein. Es sind spontane Einfälle, Geistesblitze aus eurem Inneren, die euch von Zeit zu Zeit eure Offenheit beweisen und mit denen ihr immer Erfolg habt.

Je mehr ihr euch vom Glauben an die Materie löst, desto besser kann sich euer siebter Sinn entwickeln. Ihr öffnet euch für die Übersinnlichkeit, die Intuitionen und das Magische. Ihr habt das Vertrauen in euch selbst und lasst eure Energien ungebremst fließen, um fantastische, noch nicht erlebte Situationen zu erschaffen. Euer Leben wird intensiver, da ihr euch eurem innersten Feuer, eurer Ur-Liebe und dem Eins-sein nähert. Ihr erschafft euch ein wunderbares Leben voller Freude und Glück!

Realisieren durch physische und psychische Probleme

Krankheiten sind Ausdruck eures seelischen Ungleichgewichts, wenn der Fluss zwischen eurem Inneren und den Handlungen im täglichen Leben gestaut ist. Sie manifestieren sich, wenn ihr schwach und erschöpft seid, und zwingen euch, euch aus Stress und Verpflichtungen zurückzunehmen und zur Ruhe zu kommen. Erinnert euch, wann und warum ihr krank gewesen seid, und ihr werdet feststellen, dass es immer einen triftigen Grund gegeben hat, weshalb ihr euch zurückziehen musstet. Achtet darauf, was euch euer Inneres durch eine Krankheit klarmachen will. Wenn ihr Schnupfen habt, erkennt die Mahnung, dass ihr von irgendetwas die Nase voll habt. Wartet nicht darauf, dass sich das Außen verändert – nur ihr selbst könnt euer Leben als Autor umschreiben, als Regisseur umgestalten und als Hauptdarsteller richtig handeln, um gesund zu bleiben, mit euch selbst in Harmonie zu sein.

Hier einige Krankheiten und Probleme, die auf innerliche Disharmonien hinweisen.

Entzündungen

Entzündungen sind Infektionen. „Infectus" ist lateinisch für ungetan, unvollendet.

Entzündungen werden auch mit Geschwüren und Inflammationen (Entflammung) übersetzt, was auf Feuer, Krieg, Zerstörung, aber gleichzeitig auch Umwandlung hindeutet. Ein inneres Feuer entzündet sich, um etwas Neues in Gang zu bringen. So haben alle Entzündungen mit Konflikten zu tun, mit Konflikten in euch selbst, und wollen euch darauf aufmerksam machen, dass gewisse Verhaltensweisen oder Gewohnheiten keine Gültigkeit mehr haben – dass sich euer Inneres gegen Altes wehrt. Euer Körper vergiftet und entflammt sich, wenn ihr an Altem festhaltet, anstatt loszulassen und einen Neubeginn zu wagen.

Viele Infektionen werden von Viren ausgelöst. Ein Virus, oder wie im Lateinischen auch Gift, Gestank, nistet sich in euch ein und legt euer System lahm. Erhört die Mahnung und erkennt, was ihr verändern sollt. Guckt hin, wo sich in eurem Körper eine Infektion geballt hat, und realisiert über diese Stelle, um welchen Bereich es sich handelt, den ihr aus eurem Inneren heraus verändern wollt. Ein gutes Beispiel ist die Blasenentzündung: Es tut weh loszulassen. Oder eine Lungenentzündung: Ihr kriegt da, wo ihr verharrt, keine Luft mehr für Bewegung.

Reiz

Den Reiz kennt ihr als Juckreiz etwa vor dem Niesen. Es kitzelt, es juckt euch – etwas will sich realisieren. Welche Erleichterung, Erweiterung, wenn ihr dann niesen könnt. Der innere Reiz ist die Implosion, die Ballung, die sich als Explosion ins Außen ergießt. Wenn sich in euch vieles angestaut hat, wenn ihr „gereizt" seid, Wut und Zorn empfindet, dann explodiert ihr. Erkennt also, dass Reiz, Jucken mit eurer positiven Aggression, eurem inneren Willen zu tun hat, etwas Neues zu erleben.

Denkt daran: Ein Mensch ist reizend, er fasziniert oder er reizt euch. Reizend – reißend. „Etwas" reißt euch in eine neue Richtung.

Allergien

Allergisch auf etwas zu sein bedeutet, überempfindlich zu sein. Empfinden heißt wahrnehmen. Wenn ihr allergisch reagiert, nehmt ihr eure inneren Bedürfnisse und Wünsche nicht wahr und lebt in ständigem Kampf gegen euch selbst. Ihr schränkt eure Bewegung ein und lasst euer inneres Feuer nicht zu. Ihr seid auf etwas, auf jemanden allergisch. Zu großer Druck entfacht eure Aggressivität im Inneren. Wenn ihr diese Energien nicht ausfließen lasst, manifestieren sie sich durch euren Körper. Bei allen Allergien untergrabt ihr euer Selbst, anstatt euch zu getrauen, zu euch zu stehen.

Ihr könnt z.B. auf Saures allergisch sein. Ihr seid innerlich sauer, zornig, schluckt alles, was euch aufgeladen wird. Dabei seid ihr übersäuert – „versauert" ihr.

Im Laufe meines Berufslebens brach bei mir eine Allergie aus, die sich in roten Flecken im Gesicht äußerte, die ich nur mit Make-up etwas überdecken konnte. Täglich erhielt ich gute Ratschläge von entsetzten Kunden. Es nützte alles nichts. Der Höhepunkt der Allergie war am Morgen nach einer Kollektionspräsentation in Paris, zu der mich mein Chef und Lebenspartner wieder ein-

mal hatte alleine reisen lassen. In der Folge verzichtete ich beim Essen und Trinken auf vieles, was jedoch auch keine Linderung brachte. Erst als mir klar wurde, dass ich innerlich sauer auf meinen Lebenspartner war und dies im Außen mit Lust auf Zitronen kompensierte, die die Ursache des Ausschlags sein konnten, hatte ich die Lösung. Endlich getraute ich mich auszusprechen, was mir nicht passte, und musste das „Sauersein" nicht mehr in mich „hineinfressen". Jahre später machte mich ein Lieferant mit seinen Lügengeschichten „sauer" und ich reagierte wieder mit einem massiven Ausschlag, dessen Hintergrund ich diesmal sofort erkannte. Ich trennte mich unverzüglich von diesem Lieferanten.

Ihr könnt auch allergisch auf „Schmutz", Staub oder Tierhaare reagieren. Hier besteht der Druck in zu großer Ordnungsliebe. Im Außen achtet ihr auf Disziplin und geht euren Pflichten nach, aber euer Inneres möchte sich gehen lassen und genießen.

Insbesondere im Frühling sind viele Menschen von Pollenallergien, dem sogenannten Heuschnupfen, betroffen. In ihrem Inneren wollen sie, wie die Natur, vorwärtsstreben und sich der Einschränkungen, von denen sie die Nase voll haben, entledigen. Diese Allergie wird sich jedoch Jahr für Jahr wieder materialisieren, wenn ihr den Glauben, dass die Schuld im Außen liegt, nicht hinterfragt, loslasst und eure Verhaltensmuster nicht verändert.

Magenprobleme

Probleme schlagen euch auf den Magen. Ihr „fresst" alles in euch hinein, müsst euch ständig wehren und verteidigen – könnt das Zuviel nicht verdauen. Es er-schlägt euch und macht euch Angst, was sich zu einem Klumpen ballt und sich in Krämpfen manifestiert. Oder etwas stößt euch derart sauer auf, dass ihr euch übergeben müsst. Überlegt, ob ihr nicht auf euch selbst sauer seid, weil ihr eure Macht an andere übergebt. Magen – mögen. Hinterfragt, ob ihr das, was ihr tut, wirklich mögt oder möchtet. Möchten – Macht. Ihr gebt Macht ans Außen ab, anstatt euch auf eure innere Kraft zu besinnen und zu euch selbst zu stehen. Befreit euch durch klare Kommunikation von Krampf und Kampf gegen euch selbst, denn das Leben soll ein Genuss sein.

Obwohl eine meiner Freundinnen gegenüber ihrem damaligen Partner in Worte gefasst hatte, dass sie mit ihm keine Partys mehr organisieren und gute

Fee und Serviererin sein wolle, ließ sie sich dazu überreden, noch einmal mitzumachen. Drei Stunden vor Beginn der Feier überfielen sie Magenkrämpfe und ein Fieberschub, was sie im wahrsten Sinne des Wortes „flach"-legte. Der Körper gab ihr eindeutig die Antwort auf ihr Nicht-Nein-sagen-Können. Vor dem Schlafengehen erkannte sie die Ursache ihres Übelseins und war am nächsten Morgen wieder gesund.

Übergewicht

Übergewicht – etwas über-gewichten. Ihr seid einseitig, nicht im Gleichgewicht und dadurch träge und unbeweglich. Ihr er-wartet, statt euer Feuer einzusetzen, um Altes zu verbrennen und offen für Neues zu sein.

Seid ihr übergewichtig, habt ihr euch während Jahren des Schluckens, des nicht echten Lebens, als Schutz eine „Fett"-Schicht aufgebaut. Oder ihr seid süchtig nach Essen als Kompensation, weil ihr allein und traurig seid, weil euch das Außen keine Liebe und Zuneigung, kein positives Echo gibt. Dieses Zuviel im Pol der Materie führt auf das Grundproblem zurück: sich selbst nicht lieben, akzeptieren, sich nicht vertrauen und deshalb festhalten und sich absichern wollen.

Übergewicht zeigt auch, dass ihr eine große innere Fülle in euch habt. Sie wartet nur darauf, nach außen fließen zu können. Lernt endlich, euch zu lieben, euch zu loben und eure Schutzmauern zu durchbrechen, um gelenkig und beweglich zu sein und zu leben.

Verstopfung

In Zusammenhang mit Übergewicht steht oft die Verstopfung. Der Darm ist eine Röhre, die verstopft ist. Diese gilt es vom „Müll" zu befreien, damit das Leben fließen kann. Das, was auf euch zukommt, müsst ihr verdauen, nicht (jahrelang) daran festhalten, sondern euch davon befreien. Das Gestern hatte Gültigkeit, doch gestern ist nicht heute – das Heute zählt.

Erkennt, nehmt wahr und lasst los, sonst „verschlackt", „vergiftet" ihr euch selbst und werdet schwach, sogar depressiv. Alles, von dem ihr euch nicht trennen könnt, holt euch wieder ein, engt euch ein und hindert euch daran, Platz für Neues zu haben. Wie die Wohnung, die mit angesammelten Dingen überfüllt ist, was euch schließlich erdrückt, so lässt euch das Haften an alten Zeiten nicht offen für das Schöne im Hier und Jetzt sein. Lasst los!

Rückenprobleme
Sehr viele Rückenprobleme werden durch Verspannungen hervorgerufen. Ihr seid angespannt und über-belastet. Ihr habt als Eltern nicht nur gelernt, für andere da zu sein und euch der Sorgen und Probleme der Dus anzunehmen, sondern fühlt euch sogar oft für sie verantwortlich. Das hilft jedoch weder dem Du noch dem Ich, da dadurch beiden die wahre Selbstverantwortung fehlt. Erkennt euer Fehlverhalten, eure falsche Haltung und steht neu zu euch selbst und euren Bedürfnissen. Bückt euch nicht mehr, sondern stärkt mit Aufrichtigkeit und klaren Worten euer Rückgrat.

Bei gewissen Rückenproblemen handelt es sich um eingeklemmte Nerven (Ischias), die euch darauf aufmerksam machen, dass ihr selbst verklemmt und unsicher seid. All die „Ich-Muss“ überwältigen euch so sehr, dass ihr beinahe gelähmt seid, euch selbst lahmlegt. Ihr überfordert euch, weil ihr euch beweisen wollt. Ihr „klemmt“ eure geistige Entwicklung ab, indem ihr euch am Irdischen und an euren Glaubensmustern fest-„klammert“.

Gebt euch dem inneren Strom, dem Lebensfluss, hin. Erkennt, was euch Blockaden bringt und euer Vorwärtskommen hemmt. Verspannt sein heißt auch, verkrampft zu sein, verbissen zu „krampfen“ und damit gegen sich selbst zu kämpfen. Entspannt euch und vertraut euch und eurem inneren Baby.

Vor ein paar Jahren ging ich täglich mit einer Gruppe von Hundebesitzern spazieren. Da fing mein Rücken an, weh zu tun. Anfangs versuchte ich meine Muskeln durch Bücken zu entspannen, was nichts nützte. Die Schmerzen wurden immer schlimmer. Also ging ich zum Arzt, der mich weitervermittelte. Nach zwei Jahren verschiedener Versuche mit diversen Therapeuten und Therapien bekam ich die Diagnose, dass mein Rücken kaputt sei und kein Chirurg ihn operieren könne. Noch immer quälte ich mich, mit meinen Freunden spazieren zu gehen, bis mein alter Hund nicht mehr mithalten konnte. Endlich gelang es mir, auf meine Bedürfnisse und die meines Hundes einzugehen und mich von der Routine zu verabschieden. Es wurde mir klar, dass ich aus dem alten Glaubensmuster heraus, stark sein zu müssen, die Schmerzen provoziert hatte. Diese Freunde waren keine Freunde. Sie nahmen mich nicht wahr, setzten sich selbst in Szene. Insbesondere war da eine alte Dame, die mit ihren 92 Jahren eisern mitmachte. Ich hatte gelernt, ältere Menschen zu respektieren, ich holte sie täg-

lich ab, ließ mich von ihr beschimpfen, „bückte" mich vor ihr und „über-sah" mich selbst dabei.

Mein alter Hund starb, die alte Bekannte starb, trotzdem öffnete ich mich nicht für neue Menschen.

Nach sieben Jahren des Leidens, in denen ich mich immer mehr ins „Ausseits" manövriert hatte, weil ich stets zu Hause liegen musste, kam die Rettung. Ein junger, auf Wirbelsäulen spezialisierter Neurochirurg „fiel mir wie ein Engel zu", ich materialisierte ihn. Er fixierte meinen verkrümmten unteren Rücken mit unzähligen Schrauben, wodurch dieser gestreckt wurde und die vier Bandscheiben wieder den nötigen Abstand hatten. Für mich waren die Operation und die Monate danach eine Wiedergeburt. Ich musste lernen, mich neu bewusst zu bewegen! Heute geht es mir bestens. Die alten Bekannten haben sich fast alle verabschiedet und viele interessante, liebe neue Menschen begleiten nun meine weitere Reise.

Gelenke

Gelenkprobleme können mit fehlender Beweglichkeit eures Denkens in Zusammenhang gebracht werden. Gelenke versteifen, wenn ihr an Ansichten festhaltet und nicht offen für neue Impulse seid. Alle Krankheiten, die mit Versteifungen zu tun haben, wollen euch auf versteinerte Verhaltens- und Glaubensmuster aufmerksam machen. Wenn ihr ein Auto „lenkt", seid ihr frei, in jede beliebige Richtung zu fahren. Auch in eurem Leben seid ihr der Lenker und entscheidet selbst, in welche Richtung es weitergehen soll. Versteift euch nun nicht mehr auf Ansichten, seid nicht mehr von Dingen abhängig, sondern werdet geistig beweglich. Solange ihr am Außen, in der Vergangenheit hängt, lebt ihr nicht, fahrt ihr im alten Fahrwasser mit, anstatt zu eurem inneren Wunsch nach Vorwärts zu stehen und euch dadurch wieder frei zu bewegen. Getraut euch, nach rechts oder links abzubiegen, um neue Gebiete zu erkunden und zu erleben. Seid ehrlich mit euch selbst! Beendet unbefriedigende Situationen und bewegt euch frisch, frei und fröhlich!

Knochen, Nägel und Zähne

Die Knochen geben euch Halt. Durch die Zähne habt ihr „Biss", könnt zupacken und angreifen. Die Nägel stehen für den Mut, sich abzugrenzen und zu verteidigen. Denkt nur an die Katzen, die ihre Krallen zeigen, um sich zu schützen.

Jahrelang biss ich meine Nägel ab. Ich musste meine Hände immer verstecken und war darüber sehr traurig. Doch ich fand die Kraft nicht, mich dagegen zu wehren und etwas zu verändern. Als ich mit etwa 20 Jahren von zu Hause wegging, löste sich das Problem von einem Tag auf den anderen. Ich weiß jetzt, dass ich damals meine Aggressionen nicht zuließ, immer beflissen war, ein braves Kind zu sein, um ja keine Schuld auf mich zu laden. Wie glücklich bin ich heute durch diese Erfahrung und das jetzige Wissen, dass ich ohne schlechtes Gewissen voll zu mir stehen und mich frei bewegen kann.

Probleme mit weichen oder spröden Knochen und Nägeln zeigen eure innere Weichheit und „Brüchigkeit". Ihr traut euch nicht, alte Verhaltensmuster zu durchbrechen, und werdet darum oft durch einen Bruch im Außen dazu gezwungen. Ihr zapft eure Lebensenergie nicht an, was dazu führt, dass euch die Kraft fehlt und ihr spröde und zerbrechlich seid.

Knochen, Nägel und Zähne stehen auch für Standfestigkeit. Stand – Verstand, stehen – verstehen. Wie ein Baum nicht unendlich hoch werden kann, hört auch das Wachstum der Knochen einmal auf. Das geistige Wachstum jedoch kennt keine Grenzen. Sobald ihr euch mit den Spiegeln in eurer Realität auseinandersetzt, findet ihr zu eurer wahren Standhaftigkeit, zu eurem allumfassenden Ich zurück. Erkennt, dass ihr gut und stark seid, und ihr könnt eure Blockaden und Ängste auflösen und euch tiefer in eure inneren Welten einlassen. Baut Vertrauen in euch selbst auf und wisst, dass ihr euch die Zukunft selbst realisiert und deshalb alles für euch Sinn macht und richtig ist.

Herzprobleme

Das Herz gilt als Zentrum eures Körpers und liegt im Bereich der Farbe Grün, des Planeten Saturn, wie ihr später erkennen werdet. Saturn hat mit Konzentration, Beschränkung, Ausdauer und Beharrlichkeit, auch mit Festigkeit und Sicherheit zu tun. Auf dem Weg in die Materie und durch den Glauben an die Gültigkeit der Realität verhärtet sich euer Herz. Das Außen bietet euch keine Sicherheiten, und ihr erlebt immer wieder Enttäuschungen. Ihr baut euch einen Schutzwall auf, um nicht weiter verletzt zu werden. Ihr beginnt das Außen zu verurteilen, weil ihr glaubt, dass es die Ursache eures Unglücks und eures Leids ist. Ihr versucht euch rundum abzusichern, weil ihr Angst habt, dass euch mehr und mehr weggenommen wird.

Achtet darauf, wo ihr euer wahres Ich untergrabt und euch an Äußerlichkeiten klammert, die euch keine wirklichen Sicherheiten, sondern nur Verlustängste und Enttäuschungen bringen. Euer Herz wird sich erwärmen, wenn ihr eure innere Kraft und Sicherheit erkennt, euch selbst liebt und euch selbst vertraut.

Etwa sieben Jahre lang war ich mit einem älteren, verheirateten Mann liiert. Seine Ehe war, wie ich von verschiedenen Seiten erfuhr, von Anfang an eine Bruder-Schwester-Beziehung, weshalb ich damit kein Problem hatte. Es war eine wunderbare und glückliche Zeit. Da seine Frau arbeitete, verbrachten wir außer den Feiertagen jeden Tag zusammen. Er war ein so fröhlicher Mensch, wie ich zuvor noch keinen gekannt hatte. Mit ihm lernte ich zu genießen und Feste zu feiern. Weil er mich nicht verlieren wollte, sagte er oft, er müsse mich wohl heiraten, um mich immer an seiner Seite zu haben. Aber er getraute sich nicht, seine Ehe, und damit Reichtum, Sicherheit, und die Gewohnheiten hinter sich zu lassen. Mir wurde die Beziehung ohne eine Veränderung in Sicht zu eng, und ich fing an, mich für eine neue Herausforderung zu öffnen, die mir auch zufiel. In dieser Trennungsphase begann mein Freund zu husten, und die Ärzte fanden bei ihm sechs verengte Herzkranzgefäße, die sogleich operiert werden mussten. Sein Nein zu einem Schritt in ein neues Leben und sein Klammern an die äußeren Sicherheiten hatten sein Herz krank gemacht.

Fußprobleme

Durch die Füße seid ihr mit der Erde verbunden – wenn ihr steht und wenn ihr geht. Sie spiegeln eure innere Standfestigkeit und geistige Beweglichkeit, aus der heraus ihr furchtlos neue Schritte macht. Ihr werdet erst dann zu eurer wahren Eigenständigkeit finden, wenn ihr versteht, realisiert, dass ihr selbst das Außen aufbaut, realisiert. Deshalb bringt euch alles, was ihr euch materialisiert, weiter.

Wenn ihr „wackelt“, erkennt, dass ihr unsicher seid, euch verzettelt und euch die Stabilität im Hier und Jetzt fehlt. Dass ihr im Kopf viele Ideen habt und sie mangels Selbstvertrauen nicht auf den Boden der Realität bringt. Lernt, euch zu konzentrieren, zu euch zu stehen und eure Energien gezielt für das eigene Vorwärtskommen einzusetzen.

Wer mit beiden Füßen auf dem Boden steht, ist verwurzelt, geerdet und hat die Selbstsicherheit, einen Schritt vorwärts zu machen. Bleibt nicht stehen, sondern ergreift die Chancen, die euch euer Inneres offenlegt. Das ist Bewegung und Freude am Leben.

Ein jüngerer Bekannter von mir klagte plötzlich über Schmerzen in seinem Fuß. Der Arzt, den er aufsuchte, hatte keine Erklärung und riet ihm dringend abzunehmen. Ich nahm das Problem mit ihm unter die Lupe, und es zeigte sich, dass er seinen erfolgreichen Zeiten nachtrauerte und sich verloren und „arm" fühlte. Das wenige Geld, das er verdiente, sandte er seiner Familie, und seiner Fähigkeiten als IT-Spezialist war er sich nicht mehr bewusst, er glaubte, nur ein weiteres Zertifikat würde ihm helfen. Nach einigen Gesprächen erkannte er, dass er wie früher zu sich stehen und auf sein Können stolz sein musste. Nicht nur nahm er ab, löste sich von seinem Verhangensein im Vergangenen, sondern er stärkte sein Selbstvertrauen durch das Verständnis seines Problems. Die Fußprobleme waren wie weggeblasen, und es gelang ihm, einen großen Schritt in seiner Karriere zu machen.

Zur selben Zeit hatte ich mich selbst verzettelt, ich war mit der Überarbeitung dieses Buches beschäftigt, verfolgte aber auch andere, frühere Projekte, was mir die Energie für mein wichtigstes Ziel nahm. Durch meinen Bekannten, meinen Spiegel, erkannte ich meine eigenen Probleme.

Depressionen

Aus Furcht vor Zurückweisung, Missbilligung und Strafe entwickeln sich Ängste vor der eigenen Stärke, Vitalität und Lebenskraft. Unterdrückt ihr eure Lebensenergien, verwandeln sie sich in Wut, Ärger und Gewalt. Ihr verurteilt Aggressionen und lebt sie aus euren Glaubensmustern heraus nicht aus. Damit verneint ihr euch selbst – Depressionen sind die Folge. Auf Lateinisch heißt „depressus" niedrig, gesenkt, was ihr auf eure Bewegung im Leben beziehen könnt. Nichts geht mehr, nichts will in Gang kommen. Ihr seid im Sumpf, Schlamm, Schmutz. Alles ist grau.

Alle Menschen durchlaufen von Zeit zu Zeit diese Phase der Negativität, des Sich-Zurückziehens. Es ist die Zeit vor der Umwandlung. Der Gegenpol zum wahren, ekstatischen Sein.

Wehrt euch nicht gegen die niedrig schwingende Phase, die Depression, denn die darauf folgende Blütezeit wird euch belohnen. Werdet euch bewusst, dass sich der 8 entsprechend aus dem negativen immer der positive Pol entwickelt. Seid deshalb nicht ungeduldig und traurig, wenn ihr in der „sumpfigen" Phase steckt. Aus Stehendem, Unbeweglichem kristallisiert sich Bewegung. Bejaht alles – denn alles ist richtig.

Viele Menschen sind depressiv, wenn sie allein sind, einen geliebten Partner verloren haben, und übersehen dabei, dass sie nicht eigenständig gelebt, sondern sich durch das Du in Abhängigkeit begeben haben. Ihr wollt und braucht diese Ruhepause des Alleinseins aus eurem Inneren heraus, um euch zu sammeln, um wieder „fit" für Neues zu sein. Akzeptiert das Alleinsein, um all-eins zu werden!

Aids

Aids (Acquired Immune Deficiency Syndrome) ist ein Verlust der Fähigkeit des Immunsystems, sich gegen Infektionen zu schützen. Wenn ihr nicht immun gegen gewisse Erreger seid, können diese euch krank machen. Immunity (Englisch) oder immunitas (Lateinisch) bedeutet Freisein, Freiheit. So kann diese Krankheit mit eurem Wunsch nach wahrer Freiheit und Ungebundenheit in Verbindung gebracht werden.

Lernt, das innere Gleichgewicht zu finden, außen und innen zu verbinden und dadurch immun gegen Angriffe zu werden. Da das Außen die Projektion eurer inneren Welten ist, könnt ihr den Glauben an Gefahren von außen ablegen. Wenn ihr euch selbst und die Schattenseiten, das Negative und Dunkle, akzeptiert und bejaht – wie kann dann irgendetwas auf diesem Erdball, der euer „Makro-Körper" ist, schlecht sein?

Aids ist der Schrei nach Hilfe (HIV – Hi(l)v, aid, Englisch – Hilfe) – findet Sicherheit und Stärke in euch selbst!

Die Krankheit wird hauptsächlich durch das Blut übertragen. Das rote Blut ist eure Lebenskraft und hat mit eurem schöpferischen Potenzial zu tun. Es realisiert, erschafft symbolisch die Materie. Dann wandelt sich seine Farbe in Blau und es fließt ins Zentrum zurück. Auf diesem Weg sammelt es übersetzt die Informationen aus dem Körper, der Materie – realisiert, erfasst, was verändert werden muss, um gesund zu sein.

Übernehmt also Verantwortung für euch! Helft euch selbst und lasst eurem wahren Selbst freien Lauf.

Krebs

Auch Krebs ist eine weit verbreitete Krankheit, die nach wie vor oft unheilbar ist. Krebs heißt auf Lateinisch *cancer* – das bedeutet auch Süden, Sommerhitze. Den Krebs findet ihr auch in der Astrologie. Seine Symbolik ist der Wunsch nach Veränderung, nach Neubeginn, der Drang nach Freiheit. Krebse lieben das Wasser, das Zeichen für Gefühle, Emotionen. Emotion ist das Ausfließen dessen, was in eurem Inneren verborgen ist.

Hört auf eure innere Stimme und lebt nach euren inneren Wünschen und Zielen! Lasst euch von „Giftzwergen", den alten Glaubenssätzen, nicht übermannen und „krebst" nicht mehr zurück, sondern realisiert eure innere Fülle! Lebt! Genießt und bejaht euch selbst und das Leben! Diese Einstellung erwärmt euer ganzes Wesen, und ihr werdet zur strahlenden Sonne selbst. Findet zu eurem Zentrum zurück – zum Schöpfer, der ihr seid. Dies ist der Sinn des Lebens.

Wie schon im Vorwort erwähnt, war mein Vater Arzt. Während seiner langjährigen Tätigkeit hatte er viele Krebspatienten, und immer weigerte er sich zu antworten, wenn ihm die Frage gestellt wurde: Wie lange habe ich noch zu leben? Aus Erfahrung wusste er, dass es „Wunder" gab, Menschen plötzlich gesund wurden. Dreimal aber wurde er von Patienten, Besitzer großer Firmen, dazu gezwungen, auf ihre Frage einzugehen. Alle drei verkauften ihre Firmen und beschlossen, die Schweiz hinter sich zu lassen und den Rest ihres Lebens in der Karibik zu verbringen. Nach einem Jahr kamen sie zur Kontrolle und waren gesund! Für die Menschen in der Schweiz waren sie „entflogen", weit weg und quasi tot, sie aber hatten ihre Einstellung verändert, lebten und feierten Feste mit neuen Menschen.

Diese Geschichten von Menschen, die auf Altes und Eingefahrenes verzichten und einen Neubeginn wagen, um endlich zu genießen, haben mich begeistert und mir gezeigt, dass echtes Leben und gute Gesundheit mit der Bewegung und Veränderung in Zusammenhang stehen.

Unfälle

Unfälle sind keine Krankheiten, doch nach einem Unfall seid ihr auch krank, reduziert. Oft müsst ihr euch von der normalen Routine zurückziehen, da ihr behindert seid.

Unfall – Fall, umfallen, Unfälle – Fällen. Bei einem Unfall ist häufig die vorgängige Angst vor einem Sturz aus einer Position, einem Status oder aus der Routine vorhanden. Ihr „holt" euch einen Unfall „herbei", realisiert ihn, wenn ihr aus inneren Befürchtungen heraus Aufmerksamkeit im Außen sucht und euch dadurch ins Zentrum setzen könnt. Interessant ist, dass Menschen in einer unsicheren Situation oft in einen Unfall verwickelt werden. Stress und Zweifel sowie eine negative Einstellung sich selbst gegenüber lassen Vorsicht und Achtsamkeit vergessen.

Werdet achtsam, lernt, euch innerlich zu zentrieren, und überlegt euch, welche eingeimpften Muster es sind, die euch behindern.

Erkennt eure Befürchtungen und besinnt euch neu auf eure Stärken. Dann werdet ihr nicht mehr umfallen, sondern eure Welt aufrecht beschreiten.

Wie im Vorwort beschrieben, war ich für das letzte Jahr vor der Matura provisorisch eingestuft, da meine Zeugnisnoten nicht genügend waren. Beim Skifahren brach ich mir das Bein und fand es wunderbar, dass sich mein Umfeld rührend um mich kümmerte. Ich hatte viel Zeit und konzentrierte mich ganz auf die Prüfungen, die ich dann auch bestand.

Heute bin ich davon überzeugt, dass ein Unfall für jeden, den es trifft, eine wichtige und nützliche Erfahrung ist: Man konzentriert sich auf sich selbst und die wichtigen Dinge im Leben.

Ängste

Ein Baby ist frei. Es darf schlafen, lächeln, von sich geben, wann und wie es will. Auf dem Weg in die Trennung von euch selbst werdet ihr innerlich immer unsicherer, weil ihr an das glaubt, was euch gelehrt wird. Überall hört ihr von Gefahren und schlechten Prognosen – das Außen wird mächtiger als ihr selbst, die Zweifel beginnen.

Ängste (A-eng-ste) – eng. Ihr lasst euch in die Enge treiben, sitzt in der Klemme, habt Beklemmungen.

Viele Menschen kennen das Gefühl der Enge in Hals und Brust, wenn sie sich überwinden müssen, etwas zu tun oder zu sagen, was ihnen fremd ist. Andere haben Flugangst, was darauf hindeutet, dass sie nicht abheben können, um die Dinge aus einer anderen Perspektive anzuschauen. Wieder andere haben Klaustrophobie, eine krankhafte Angst vor dem Aufenthalt in geschlossenen Räumen oder bei Anlässen, wo viele Menschen zu nahe sind. Bei der Höhenangst geht es um das Fallen. Es sind die Ängste, nicht zu genügen und zurück- bzw. von einem erreichten Punkt hinunterzufallen. Bei allen Ängsten geht es um Enge und eingeschränkte Freiheit. Ängste und Phobien sind Störungen in eurem Gleichgewicht. Ihr fürchtet das Außen und befürchtet deshalb Negatives. Es fehlt euch an Vertrauen in euch selbst. Hinterfragt also eure Ängste und baut innere Sicherheit auf, indem ihr an die vielen positiven Situationen denkt, in denen ihr Glück hattet und täglich habt. Wenn ihr diese Erkenntnisse aussprecht oder niederschreibt, dann verfliegen eure unbegründeten Zweifel und ihr stärkt das Vertrauen in euch selbst. Werdet euch eurer Stärke und Einzigartigkeit bewusst. Blickt zurück und erinnert euch an die vielen Male, wo ihr Großartiges geleistet habt und frei gewesen seid.

Letztlich kann jede Krankheit auf einen Nenner gebracht werden: Lasst euch durch den Glauben ans Du und an das Außen nicht mehr vergiften, „verteufeln", kaputtmachen. Findet zu eurem Selbst zurück, indem ihr euch mit dem Außen auseinandersetzt, es übersetzt und lernt, euch ins Zentrum zu setzen. Werdet euch durch das Gespiegelte eures Inneren bewusst, nehmt eure falsch gepolten Glaubenssätze wahr, lasst sie los und ersetzt sie durch neue, positive Programme, um euch dem Neuen furchtlos hinzugeben. Leben soll ein ekstatisches Fest sein, voller Freude, Harmonie und Glück.

Vergesst nicht, dass eine Krankheit, die euch durch das Du gespiegelt wird, auch mit euch selbst zu tun hat. Wenn ihr die Geschehnisse im Außen auf euch selbst übersetzt, könnt ihr unbewusste Störungen im Voraus erkennen und etwas verändern, bevor ihr krank werdet.

Bachblüten

Hier geht es um das erste beschriebene „äußere" Hilfsmittel, durch welches ihr euch eurer Glaubensmuster und Verhaltensweisen bewusst werden könnt: die Bachblüten, benannt nach einem Arzt, Edward Bach, der von 1886 bis 1936 in England lebte. Er gelangte zur Überzeugung, dass nicht die Krankheiten, sondern die dahinterliegenden Ursachen der Menschen geheilt werden sollten. Jede Krankheit, die sich durch den Körper manifestiert, will euch auf gewisse innere „Fehlhaltungen", innere Konflikte, aufmerksam machen. Dr. Bach war sehr naturverbunden und stellte fest, dass gewisse Pflanzen Energien abgeben, durch die solche Disharmonien aufgedeckt und ausgeglichen werden können. Er machte aus Pflanzen, die er in der Natur fand, Essenzen, um die inneren Ursachen des Fehlverhaltens von Menschen zu heilen.

Auch Tieren kann mit Bachblüten geholfen werden. Sie übernehmen als Spiegelbilder und vielfach nächste Freunde die Disharmonien ihrer Besitzer. Durch sein Tier kann der Besitzer sein unterbewusstes Problem z.B. durch die Beschreibung der einzelnen Essenzen erkennen und lösen.

Das Bachblüten-Set (kleine Fläschchen mit Konzentraten) umfasst 38 Blütenessenzen, die in sieben Hauptgruppen eingeteilt sind:

- Angst
- Unsicherheit
- ungenügendes Interesse an der gegenwärtigen Situation
- Einsamkeit
- Überempfindlichkeit gegenüber dem, was auf euch zukommt
- Mutlosigkeit und Verzweiflung
- übermäßige Sorge um das Wohl der anderen

Es gibt verschiedene Methoden, die Bachblüten auszuwählen. Einige Therapeuten pendeln die Essenzen aus, andere ziehen aus langen Fragelisten Schlussfolgerungen und wieder andere lassen den Hilfesuchenden aus der ganzen Auswahl selbst die Essenzen ziehen. Auf welche Art auch immer – wer sich aus seinem Inneren heraus verändern möchte, holt sich die richtigen Wegweiser für seinen Umwandlungsprozess herbei.

Normalerweise werden aus den 38 Essenzen vier bis höchstens fünf ausgewählt, die mit Wasser und etwas Alkohol verdünnt viermal täglich eingenommen werden.

Eine echte Veränderung könnt ihr jedoch nicht allein durch das Einnehmen von Bachblüten erreichen, sondern ihr müsst euch mit deren Texten auseinandersetzen. Denn Veränderung geschieht durch die Bewusstwerdung – ihr müsst zuerst erkennen, welche Vorstellungen, Gedanken- und Glaubensmuster euch einschränken, bevor ihr sie umprogrammieren könnt.

Bei Beratungsgesprächen, ob mit Erwachsenen oder Kindern, stellte ich immer wieder fest, dass das ausführliche Gespräch die Menschen auf die sich wiederholenden Situationen im Außen aufmerksam machte und sie sich dadurch mit ihren Problemen auseinandersetzen konnten. Durch das Realisieren der Ursachen konnten sie die nötigen Veränderungen anpacken. Ich erinnere mich an ein achtjähriges Mädchen, das lange von großen Ängsten geplagt wurde. Durch das Gespräch wurde ihr klar, dass sie trotz ihrer Ängste viele Situationen bestens gemeistert hatte. Sie verstand, dass sie sich selbst vertrauen musste. Die Bachblüten, die sie täglich einnahm, gaben ihr die innere Kraft, jedes Mal, wenn ein Angstgedanke hochkam, diesen „abzuschießen" und durch den neuen Gedanken „Ich vertraue mir" umzupolen. So verloren sich ihre Ängste in kurzer Zeit.

In einem späteren Kapitel werdet ihr mehr über die Bachblüten-Texte in Verbindung mit den westlichen Stern- und den chinesischen Tierzeichen erfahren.

Jedes Hilfsmittel, das ihr euch selbst materialisiert, rüttelt euch wach und ist ein Zeichen dafür, dass ihr eure Ansichten und euer Leben verändern wollt. **Ihr allein seid für euer Glück verantwortlich – eures Glückes Schmied!**

Kristalle, Farben und Krankheiten

In vielen Büchern werden Kristalle mit dem Heilen von Krankheiten in Verbindung gebracht. So werden sie z. B. in „Healings" auf die entsprechenden Chakras (Energie-Punkte) aufgelegt, um Disharmonien zwischen Körper und Geist, außen und innen, aufzuheben. Nehmt ihr die Kristalle als Stütze für euer Vorwärtskommen zu Hilfe, könnt ihr durch ihre jeweiligen Beschreibungen euren Bewusstseinszustand erweitern, die Ursachen eurer Disharmonien erkennen und Harmonie in euer psychisches und physisches Sein bringen.

Während 14 Jahren war ich mit „meiner" Firma so gut wie verheiratet. Doch dann konnte ich mich mit meinem Job und der Routine nicht mehr identifizieren. Innerlich war ich aufgewühlt, getraute mich jedoch nicht, im Außen etwas zu verändern. Eine große Sportmesse verlangte, dass ich, wie unzählige Male zuvor, nach München reiste und tagelang an Verhandlungen und Diskussionen teilnahm. Ich glaubte, machtlos zu sein und dem Außen, wie ich es schon immer getan hatte, Folge leisten zu müssen. Doch es kam anders – vier Tage vor der Reise „materialisierte" ich mir eine Lungenentzündung, die mich von allen Verpflichtungen befreite. Dadurch kam jedoch noch sehr viel mehr in Gang. In den zwei Wochen meiner „Abwesenheit" (mein Wesen hatte sich abgemeldet) stellte ich fest, dass ich ohne die Firma leben und die Firma ohne mich überleben konnte. Während der 12 Tage, die ich zu Hause verharren musste, beschäftigte ich mich intensiv mit Kristallen, und mein erster Ausgang führte mich auf eine Messe, wo ich aus einer Vielzahl von Kristallen und Halbedelsteinen die für mich stimmigen wählte und kaufte.

Die Krankheit, die mir den Atem nahm, und das Studium der Kristalle öffneten mir die Augen und brachten mich dazu, meine Kündigung einzureichen, um mich mir selbst und meinem inneren Drang nach geistigem Wachstum zu widmen.

Im Folgenden werden Farben und Kristalle mit Krankheiten in Verbindung gebracht.

Schwarz

Schwarz steht für Standfestigkeit, Zentrierung, Stabilität und innerste Wahrheit. Auch für Kraft, Stärke, Mut, für das Loslassen, den Aufbruch und die Befreiung. Wenn ihr trauert, werdet ihr auf euch selbst zurückgeworfen. Ihr werdet von eurem Inneren dazu gezwungen, euch zu besinnen und auf etwas Neues vorzubereiten. Oft geht es dabei um die Bewusstwerdung, dass ihr von jetzt an die alleinige Verantwortung in eurem Leben übernehmen müsst.

Schwarz spiegelt sich in folgenden Kristallen:
Onyx, Magnetit, Obsidian, Schwarzer Turmalin, Hämatit.
Auf der physischen Ebene werden sie von Heilern eingesetzt bei:

- Durchfall
- Zahnproblemen
- Knochenproblemen
- Fußproblemen
- sich im Loch fühlen

Die schwarze Farbe symbolisiert das Nichts und doch auch das Alles. Aus dem Dunkel, der Nacht heraus entwickelt sich die Bewegung, das Helle, Belichtete. Aus der Verdichtung die Erweiterung. Achtet darauf, wenn ihr euch spontan schwarz oder dunkel kleidet. Nach außen grenzt ihr euch ab, macht „zu“, gebt euch dadurch den nötigen Schutz, weil sich euer wahres Selbst stabilisieren, zentrieren und entwickeln will, um euer Selbstvertrauen zu fördern.

Hierzu möchte ich euch einen schwarzen „Stein“ vorstellen, den ich erst vor Kurzem materialisiert habe: den Schungit. Er kommt hauptsächlich aus Karelien, Russland, und besteht aus Kohlenstoff, einem Grundelement des Lebens. Kohle ist bekannt dafür, Giftstoffe im Körper zu sammeln und auszuscheiden. Einzigartig beim Schungit ist, dass er Hohl-Ionen, sog. Fullerene, beinhaltet, durch die er den Körper mit fehlenden Elementarstoffen füllt. So hat der Schungit auf der physischen Ebene die großartige Fähigkeit, Negatives abzutransportieren und Positives einzubringen. Aus diesem Grunde ist er ein Wunderstein. Auf eurem geistigen Weg ist er der Verwandler. Wenn ihr euch verändern wollt, werdet ihr ihn als Widerspiegelung eurer Verwandlung auf euch tragen. Viele Begleiter meiner jetzigen Reise ließen sich von diesem Stein begeistern – die Feedbacks über die Veränderungen, die geschehen, sind sensationell. Allen geht es geistig und körperlich viel besser!

Weiß

Der Gegenpol zu Schwarz ist Weiß. In den Kristallen zeigt sich Weiß durchscheinend, transparent oder schimmernd, aber auch glasklar:

Perle, Mondstein, Topas, Bergkristall, Zirkon, Diamant.

Weiß wird Licht, Klarheit, Reinheit, Erleuchtung, Erweiterung, das wahre „Heil-Sein“ zugeschrieben. Schwarz verdichtet, Weiß löst das Schwarze, das Negative auf. Aber vergesst nicht, dass die Auflösung von Negativem nur durch das Verstehen und Anerkennen des Schwarzen möglich ist. Das eine beinhaltet das andere. So steht Weiß für reinigend, auflösend, klärend, harmonisierend und stärkend.

Weiß – ich weiß, ich verstehe. Wenn ihr wisst, dann seid ihr stark und habt zu euch selbst zurückgefunden. Ihr schwärzt nichts mehr an, seht nicht mehr schwarz, sondern geht positiv und optimistisch auf neue Herausforderungen zu, weil alles immer richtig und gut ist.

Weiße Kristalle „helfen“ auf der psychischen Ebene, eure dunkle Seite zu belichten und anzunehmen.
Auf der physischen Ebene werden sie eingesetzt bei:

- Nierenproblemen
- Stauungen
- Nieren- oder Gallensteinen
- Schwindel
- Augenproblemen
- Allergien

Der Diamant ist von allen Kristallen der härteste. Zum Brillanten geschliffen gilt er als äußerst begehrt – „brillant“ – glänzend, hervorragend, strahlend. So steht der Diamant für Einzigartigkeit, Erleuchtung, die kosmische Verbundenheit.

Die Verbindung von Schwarz und Weiß zeigt sich in Braut und Bräutigam – sie trägt Weiß, er Schwarz. Die Symbolik der „Hochzeit“ ist die Verschmelzung der beiden Pole Männlich und Weiblich, Licht und Schatten, Bewusst und Unbewusst.

Durch die Auseinandersetzung mit dem Gegenpol, z. B. den Mitmenschen, werdet ihr euch eurer Schattenseiten bewusst, integriert sie in eure Denk- und Verhaltensstrukturen und findet so zur wahren Einheit zurück. Dann werdet ihr die „hohe Zeit“, das Paradies auf Erden leben können.

Blau

Blau ist die Farbe Neptuns, des Wassers, des Meeres und damit des Unfassbaren und Unendlichen. So hat Blau damit zu tun, Klarheit zu gewinnen und zu erkennen, die inneren Welten und Tiefen zu ergründen, sich von Glaubens- und Verhaltensmustern zu befreien, loszulassen, gelassen zu werden und zu vertrauen.

Die blauen Kristalle sind u. a. Saphir, Azurit, Sodalith, Lapislazuli. Blau hat eine „aufweichende", auflösende, umwandelnde Wirkung und so werden diese Kristalle für folgende Krankheiten und Probleme eingesetzt:

– Nervenschmerzen
– Kopfschmerzen, Gedankenwirrwarr
– Depressionen
– zu hoher (Blut-)Druck
– Jähzorn

Blau steht für beruhigend, heilend, harmonisierend, kühlend und stillend.

Konzentriert ihr euch auf diese Farbe, sucht ihr im Außen Harmonie, Ruhe und Stille, innerlich durchlebt ihr die Phase des Gegenpols, der Farbe Rot, des Feurigen und Schöpferischen. Wenn ihr Blau tragt, fragt euch, ob ihr euch noch blockiert oder ob ihr eurem Inneren freien Lauf gewährt.

Rot

Rot ist die Farbe der Venus und damit des Aufbaus, der Selbstliebe, der Bejahung und der All-Liebe. Sie symbolisiert Freude, Lust, Leidenschaft, Offenheit und auch innere Stärke, Selbstvertrauen und Selbstbewusstsein. So steht rot für aktivierend, belebend, vitalisierend und stärkend.

Die roten Kristalle Rubin, Granat, Koralle, Rhodochrosit, Rhodonit, Rosenquarz und Kunzit werden bei allen Problemen und Krankheiten, die mit dem inneren Feuer zu tun haben, eingesetzt.

– Anämie
– Depressionen
– Genesungsprozesse
– Blutkreislaufprobleme
– Infektionen
– Viruserkrankungen
– Fieber

Mit roten Kleidern oder einem roten Auto wollt ihr wirken, euch darstellen und eure Persönlichkeit unterstreichen. Konzentriert ihr euch auf Rot, sagt ihr Ja zu euch selbst und seid für Erweiterungen in eurem Leben bereit.

Violett

Die Verbindung von Rot und Blau ergibt Violett, die Farbe Merkurs. Die beiden Elemente Feuer und Wasser, die Pole Oben und Unten, Innen und Außen, Schwarz und Weiß verschmelzen. Verschmelzung bringt Transformation. Vereinen sich in eurem Bewusstsein Blau und Rot zu Violett, dann realisiert ihr, dass euer inneres Feuer, das kreative, schöpferische Potenzial, immer nach außen, in die Materie ausfließt, wo es sich zu Form und Gestalt, zur Realität, verfestigt.

Violett symbolisiert die Ur-Weisheit, die Tiefe, das Innerste und damit das ganze Bewusstsein. So führt euch das Violett zu höherem Verstehen, zu Offenheit, Selbstverantwortung und damit zur Veränderung eures Selbst.

Die Kristalle Fluorit, Amethyst, Sugilith, Sodalith werden bei allen Problemen und Krankheiten, die mit Blockaden zu tun haben, eingesetzt, da ihnen eine auflösende Wirkung nachgesagt wird.

- Ängste
- Schlaflosigkeit
- Migräne
- Neuralgien
- Stress

Violett bringt geistiges Gleichgewicht und löst innere Spannungen, engstirnige Ansichten und damit Blockaden auf.

Wenn ihr realisiert, dass ihr selbst das Außen realisiert, dann lösen sich eure Ängste, euer Stress und eure Probleme auf – ihr erreicht das wahre Gleichgewicht. Es geht euch nichts mehr auf die Nerven, ihr werdet nicht mehr von außen „gereizt", sondern es „reizt" euch, aus eurem Inneren heraus, offen für Neues zu sein, was zu wahrer Erweiterung führt.

Orange

Orange ist die Farbe des Mars und symbolisiert Aktivität, Willenskraft, Mut, Abenteuerlust, Aufweckung und Vorwärtsgehen. Diese Farbe steht für anregend, expansiv, fördernd, vitalisierend und gefühlsregulierend.

Die Kristalle Feueropal, Jaspis, Karneol, Topas werden auf der körperlichen Ebene eingesetzt bei:

- Unterleibsbeschwerden
- Verdauungsstörungen
- Rheuma
- Problemen der Ausscheidungsorgane
- Problemen der Fortpflanzungsorgane
- Nierenproblemen
- Problemen der Blutbildung

Orange entspricht dem männlichen Prinzip, das tatkräftig vorwärts, nach Erweiterung strebt. Altes muss vollendet und aufgelöst werden, um das Neue anzupacken. So symbolisiert diese Farbe, die Verbindung von Rot und Gelb, das innere Feuer (Rot), das sich mit dem frischen Wind (Gelb) vereint. Konzentriert ihr euch auf Orange, dann wollt ihr, aus eurem Inneren heraus, ausbrechen, alte Strukturen aufbrechen.

Türkis

Türkis, die Farbe des Uranus, ist der Gegenpol zu Orange und entspricht dem Plötzlichen und den Umbrüchen. Ihr esst und schluckt – plötzlich ist das Essen weg. Oder es kommt plötzlich wieder hoch. Wenn ihr eure Wünsche und Bedürfnisse in euch hineinschluckt, sammeln sie sich in eurem Inneren zu einer Ballung an, bis sie hochkommen und sich in „Gewittern“, Schicksalsschlägen, manifestieren. Auch Gedankenblitze und Intuition, das plötzliche Wahrnehmen und Erkennen, haben mit der Farbe Türkis zu tun. Öffnet ihr euren „Hals“, dann häufen sich eure geistigen Einfälle und ihr könnt euren Blick auf die Realität und euer Leben verändern. Die Schicksalsschläge wandeln sich in plötzliche Wunder um, die euch unerwartet vom Außen begegnen. Türkis steht für ausgleichend, innen und außen verbindend.

Die Kristalle Chrysokoll, Aquamarin, Türkis, Opal werden eingesetzt bei:

- Hautallergien
- Hals- und Rachenproblemen
- Magenbeschwerden
- nervösen Zahnschmerzen
- Verspannungen in Schulter und Nacken

Mit Türkis gebt ihr euch den nötigen Schutz, damit sich euer wertvolles Inneres entfalten kann.

Orange vereint Rot und Gelb, Türkis Blau und Grün – alle vier Elemente, Rot, Grün, Gelb und Blau, sind in diesen zwei Farben vereinigt. Die Verbindung von Orange und Türkis ergibt Braun, die „Mutter" Erde.

Braun

Braun ist gespiegelt im Holz des Baumes, der ein wunderbares Symbol für euren Weg ist: ihr wollt hoch hinaus, zersplittert euch in Äste (Ängste), könnt jedoch nur zu euch selbst stehen, wenn ihr im Irdischen, der Erde, Wurzeln schlagt und zum Grund(-Wasser/-Wissen) vorstoßt. Oft werdet ihr durch Schicksalsschläge gefällt. Erst nach dem Verbrennen von Glaubens- und Verhaltensmustern verwandelt ihr euch und löst euch schließlich im Alles und Nichts auf.

Erinnert euch an den Vogel Phönix, der sich erst dann erhebt, wenn das Feuer der Umwandlung ihn verzehrt und in Asche gelegt hat. Er befreit sich aus allen Verstrickungen, kann dadurch seine Schwingen entfalten und sich ins Unendliche emporheben.

Der Rauchquarz (ganz dunkel Morion genannt) ist der bekannteste braune Kristall und wird bei Depressionen und Trauer eingesetzt. Es wird ihm nachgesagt, dass er die Nerven stärkt, wodurch Stress abgebaut werden kann. Auf der geistigen Ebene „hilft" Braun euch, eure Augen für die dunklen Seiten zu öffnen und die materielle Seite „übersetzen" zu lernen. So unterstützt ihr euch auf dem Weg zur Bewusstwerdung, bei der Übernahme von Selbstverantwortung und dem Aufbau von neuen, positiven Programmierungen.

Grün

Grün steht für Ruhe, Entspannung, Zentrierung, Verständnis, Entwicklung und Sicherheit. Diese Farbe wirkt ausgleichend, beruhigend und regenerierend.

Den grünen Kristallen Smaragd, Malachit, Aventurin, Jade, Chrysopras, Heliotrop wird eine entzündungshemmende Wirkung nachgesagt. Sie werden eingesetzt bei:

- Herzproblemen durch Überanstrengung
- Magen- und Darmkrämpfen
- Menstruationskrämpfen
- Migräne
- Leberproblemen
- Erkältungen / Grippe
- Entzündungen
- Verhärtungen (Rheuma, Arthritis, Gicht)

Die Farbe Grün entspricht dem Erd-Element, dem Sich-Sammeln, „Erden“ und Sich-auf-sich-selbst-Konzentrieren. Habt ihr eine Zeit des Zuviels hinter euch, konzentriert ihr euch spontan auf Grün, seien es Kleider oder Pflanzen, um zur Ruhe zu kommen, denn innerlich seid ihr geistig kreativ, aktiv und bereitet euch auf Neues vor. Indem ihr die erkannten Barrikaden sprengt, verdichten sich eure positiven Gedanken immer mehr und können Form und Gestalt annehmen.

Gelb (Gold)

Gelb ist die Farbe Jupiters, der von der Astrologie auch „die höhere Sonne“ genannt wird. Die gelbe Farbe, die Helligkeit in Verbindung mit der Wärme des Sommers, entspricht dem Sich-Befreien aus Gefängnissen und euch selbst auferlegten Fesseln. Damit erreicht ihr echte Erweiterung, symbolisiert durch den Glücksplaneten Jupiter. Gelb/Gold haben mit geistigem Gleichgewicht, Harmonie, Wahrnehmen und Loslassen, logischem Verstehen, Bewegung und Erweiterung zu tun.

Die gelben Kristalle wie Rutilquarz, Zitrin, Tigerauge, Pyrit, Bernstein werden auf der physischen Ebene eingesetzt bei:

- Infektionen
- schlechter Verdauung
- Lungenproblemen
- Bauchschmerzen
- Fieber
- chronischen Krankheiten

Gelb ist ausgleichend und geistig öffnend und hilft euch, euch von Ängsten, Einengungen, vom Verhangensein in Altem und in negativen Erinnerungen zu lösen – goldene Zeiten eröffnen sich.

Lindengrün
Die Verbindung von Grün und Gelb ist Lindengrün, welches euch im Frühling in der Natur entgegenstrahlt. Diese Farbe ist im Zentrum des Regenbogens und ergießt sich in beide Richtungen bis ins Violett bzw. Ultraviolett. Deshalb verbindet Lindengrün das Materielle und das Geistige und symbolisiert die Brücke zum innersten Selbst, Erlösung, Transformation und damit das Verstehen des wahren Sinns des Lebens. Durch die Konzentration auf euch selbst, das Erkennen der logischen Folgen und das Wahrnehmen eurer inneren Bedürfnisse und Wünsche werdet ihr fähig, euch selbst und eure Realität zu verändern. Durch die Erweiterung eures Bewusstseins erfasst ihr das schöpferische Potenzial in euch und werdet fähig, Neues zu erschaffen. Dann habt ihr zu eurer wahren Mitte, eurer inneren Sonne, zurückgefunden und werdet euer Licht und eure Liebe in die Welt ausstrahlen.

Die geistige Erweiterung lässt euch alle Pole verbinden und zu einem Ganzen verschmelzen:
Rot wird zu Blau,
Orange zu Türkis,
Gelb zu Grün,
Lindengrün zu Violett und
Violett zu Violett
und damit Schwarz zu Weiß,
Dunkelheit zu Licht, Unbewusstsein zu Bewusstsein.

Im folgenden Kapitel werden die Regenbogenfarben mit den Planeten und den Kraftzentren eures Körpers in Verbindung gebracht, es bietet somit eine Erklärung eures Lebenswegs und des Sinns des Daseins.

Verbindung Planeten und Farben

„Der Regenbogen ist eine der wunderschönen Folgen der Zerlegung von weißem Licht (im Allgemeinen Sonnenlicht) in Strahlen verschiedener Farbe (bzw. Wellenlänge). Das Spektrum des weißen Lichts – dessen Hauptfarben die berühmten ‚sieben Farben des Regenbogens' sind, nämlich Rot, Orange, Gelb, Grün, Blau (Türkis), Indigo (Dunkelblau), Violett – erscheint dabei auf ‚natürliche' Weise. Es sind die in der Atmosphäre schwebenden Wassertropfen, die wie lauter kleine Prismen das Licht zerlegen."
Stéphanie Maarek

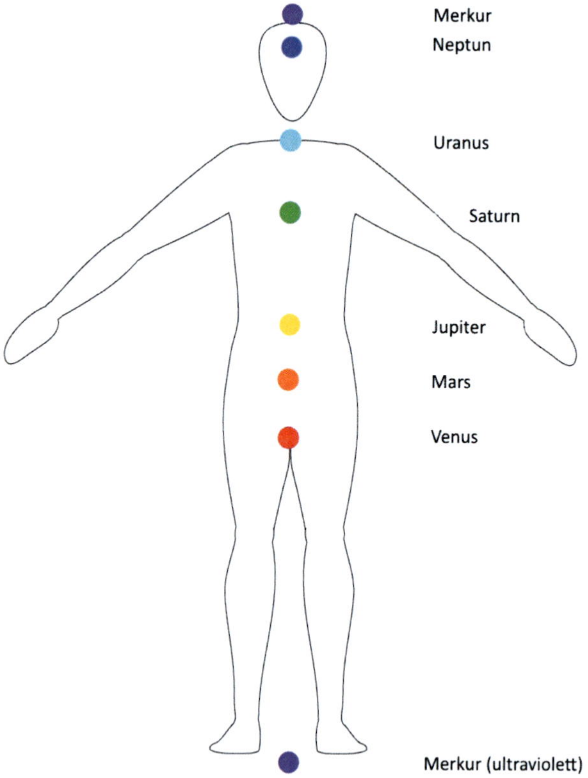

In dieser Zeichnung sind die Farben des Regenbogens auf euren Körper projiziert und mit den Planeten gekennzeichnet.

Das Violett am Scheitel des Kopfes wiederholt sich bei den Füßen als Ultraviolett, das für den Menschen noch unsichtbar ist, und verbindet durch Bewegung Oben und Unten, Innen und Außen.

Die Symbolik der sieben Planeten

Merkur versinnbildlicht irdische Orientierung und geistige Wahrnehmung (Ultraviolett unten und Violett oben). Dabei geht es um das intellektuelle Verstehen (ihr be-merkt, was geschieht) und das Sich-Öffnen für Neues und damit um Veränderung. In der griechischen Mythologie ist Merkur Hermes, Gott der Lüfte und Götterbote. Er geht unvoreingenommen auf die Umwelt zu, analysiert, ordnet das Erlebte und Gesehene und fällt Entscheidungen. Aufgrund seiner Redekunst ist er gewandt im Austausch mit anderen. Er ist das vermittelnde Glied, die Bewusstseinsbrücke zwischen Geist und Materie. Auch ist er der Seher, der die Schleier der Illusion durchdringt und die Wahrheit sieht. Seine Mission ist, Licht in die Dunkelheit zu bringen.

Neptun (Blau), Gott des Wassers, symbolisiert den Urinstinkt, das Schöpferische, Unfassbare, Unendliche, damit auch das Chaos und das Unbewusste. Im negativen Sinn steht er für Täuschung, Illusion und Triebhaftigkeit, im Positiven für Inspiration, Spiritualität und Empfänglichkeit, Hingabe und All-Liebe. Neptun erhebt sich über das Materielle, sieht die Dinge aus höherer Warte und hat die Kraft, Konventionen abzulegen.

Uranus (Türkis) symbolisiert das Plötzliche, das Spontane, den Augenblick. Er wird oft der Unglücksplanet genannt, da ihm eine Serie von Unfällen, Schicksalsschlägen oder Niederlagen zugeschrieben wird. Doch solche Erfahrungen sind wichtig, da dadurch die Kräfte des Inneren erweckt werden. Im Grunde genommen ist der Uranus ein Glücksplanet, da er geistiges Wachstum, Liebe und Unabhängigkeit fördert. Seine Mission ist es, das Leben anzuregen.

Saturn (Grün) ist der Planet der Verfestigung, Sicherheit und Macht. Solange der Mensch im Außen danach sucht, symbolisiert Saturn die Spaltung von innen und außen, von Geist und Materie. Doch er steht auch für Konzentration und gibt jedem Suchenden den Schlüssel in die Hand, die Pforten zu den dunklen, unbewussten Seiten zu öffnen und sie ins Licht zu bringen und Stärke und Sicherheit in sich selbst zu finden.

Jupiter (Gelb, Gold) wird auch Glücksplanet genannt. Er öffnet den Weg zum Denken in größeren Dimensionen, zur Erweiterung auf geistiger Ebene und bringt Fülle und Freude. Ihm wird Großzügigkeit zugeschrieben. Er steht auch für das richtige Fortschreiten, die Erreichung der Ziele und für Logik. Durch die Bewusstwerdung der Gesetzmäßigkeiten und der Zusammenhänge in der Materie findet der Mensch zum paradiesischen freien geistigen Urzustand zurück.

Mars (Orange) symbolisiert das männliche, vorwärtsdrängende Prinzip, Verlangen, Tatkraft, Aktivität und den Mut, nach außen vorzustoßen. Er ist der Planet der Zeugung und dessen, was in der Materie zum Ausdruck kommt. Als Kriegsgott steht er für den Angriffswillen, der auf die Verwirklichung innerer Ziele drängt. Eure Mars-Energie unterstützt das tatkräftige Handeln für euch selbst, Selbstbewusstsein und Lebendigkeit.

Venus (Rot) steht für das weibliche Prinzip, Empfänglichkeit und Erschaffung von Neuem. Sie symbolisiert Liebe, Harmonie, Sinnlichkeit und Lebensfreude. Da sie für das Vereinigen, Verbinden und Vermitteln zuständig ist, fallen Beziehungen in ihren Bereich. Auch spiegelt sie Selbstwertgefühl, Kontaktfreudigkeit und die Kunst des Genießens.

Mit dem Willen von **Mars** und dem Wunsch nach Verschmelzung von **Venus** wird es euch gelingen, mit euch selbst und allem, was ist, eins zu werden.

Und bei den Füßen wieder **Merkur** – merken, da es oben wie unten, innen wie außen immer um Wahrnehmen, Erkennen und die dadurch folgende Veränderung geht.

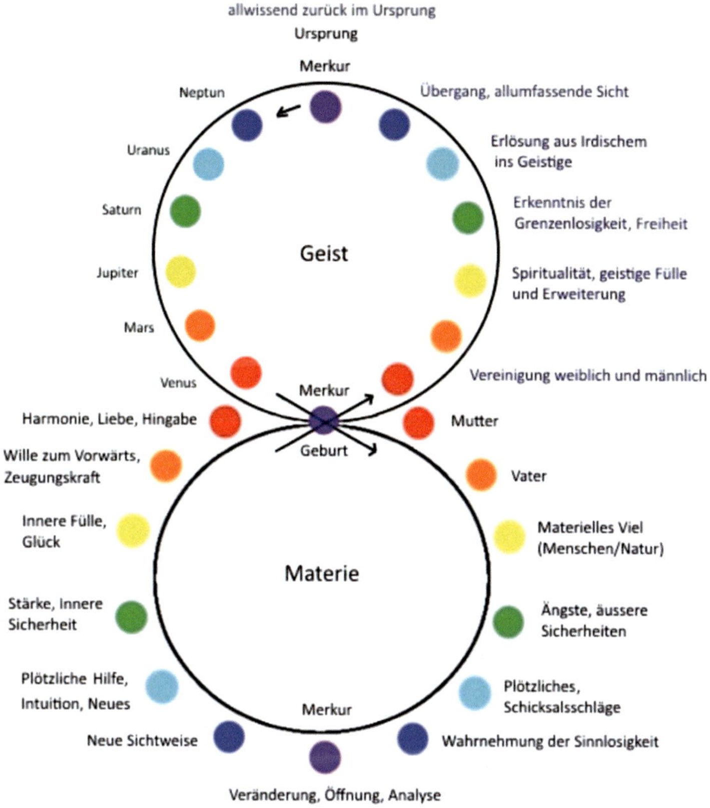

Euer Lebensweg wird durch die Planeten in der Bewegung der 8, wie oben dargestellt, beschrieben:

Erste Phase

Euer Weg vor der Geburt verläuft von „oben“ nach „unten“, vom geistigen Ursprung in die Verdichtung, die Materie.

Merkur: Entschlossenheit, euch eures unendlichen und unfassbaren „Wesens“ bewusst zu werden.

Neptun: Ihr wollt euch auf dem Weg voller Einschränkungen und Grenzen aus der Unwissenheit befreien und das „Chaos“, wo alles möglich ist, erfassen.

Uranus: Einfall, den Weg über die Polarität zu beschreiten.

Saturn: Ihr erkennt, dass dies nur durch Verdichtung und durch eine Spaltung von Geist und Materie möglich ist.

Jupiter: Ihr öffnet euch für den Weg zur Erfüllung des gesetzten Ziels.

Mars: Das männliche Prinzip gibt euch Mut und drängt nach außen.

Venus: Ihr bejaht das Werdende, das irdische Dasein, und seid dazu bereit, euer geistiges Wesen hinauszutragen, um es mit der Materie in Verbindung zu bringen.

Merkur (Ultraviolett): Ihr entscheidet euch dazu, einen neuen Weg zu begehen, was zu eurer Geburt führt – ihr verdichtet euch zu einem Menschen.

Zweite Phase

Seid ihr in der ersten Phase in die Materie „hineingestiegen", so beginnt nun der Weg in die Bewusstwerdung von Materie, Körperlichkeit und Polarität. Aus dem Dunkel steigt ihr ins Licht und gleichzeitig in die Täuschung. Ihr beginnt die Polarität von Innen und Außen, Du und Ich aufzubauen. Als erste Projektion eures Selbst erschafft ihr die Mutter – **Venus** (Rot). Sie gibt euch Liebe und Harmonie. Sie symbolisiert die passive und empfängliche Seite eures Selbst. Die zweite Projektion ist der Vater – **Mars** (Orange), Aktivität und das nach außen und vorwärtsdrängende Prinzip.

Jupiter steht für Erweiterung, Aufstieg, Gesetze und Normen. Ihr wollt mehr und zersplittert dabei euer „ureigenstes" Wesen und Wissen in das ganze Universum. Ihr verliert euch in der von euch selbst aufgebauten Vielfalt. Ihr bekommt Angst und müsst euch schützen. Jupiter ist beim Solarplexus, der über dem Bauchnabel liegt. Es ist die Stelle, die ihr schützt, wenn ihr eure Arme verschränkt. Ihr verschließt euch, seid zwischen Innen und Außen, Unbewusst und Bewusst gespalten.

Saturn symbolisiert euer auf die Materie fixiertes Denken und Handeln. Ihr versucht alles, was ihr erreicht habt, abzusichern und zu verfestigen. Dadurch verhärtet und „versteinert" ihr, Stress und Krankheiten können folgen.

Uranus: Schicksalsschläge zerstören Altes, sodass euer Leben in Ruinen zu sein scheint, und bringen Sorgen, Leid und Schwierigkeiten. Ihr seid euch dessen nicht bewusst, dass sich das Neue unbewusst bereits zu entwickeln beginnt.

Neptun: Das Leben erscheint euch chaotisch. Ihr lasst euch vom Schicksal treiben und bringt keinen Willen zu Veränderung auf. Alles ist grau und im Nebel, ihr seid depressiv. Nebel ist von hinten gelesen, also verkehrt: Leben.

Am entferntesten Punkt eurer Reise steht wieder **Merkur**. Ihr hinterfragt euer Leben, analysiert es und erkennt, dass ihr euch auf euch selbst zurückbesinnen und etwas verändern müsst. Damit vollzieht sich eure Transformation.

Dritte Phase

Nach eurer Einsicht (**Merkur**) folgt wieder **Neptun**. Nachdem euch die Materie keine Sicherheit und kein Vertrauen bringen konnte, wollt ihr euch des tieferen Sinnes eures Daseins gewahr werden. Ihr öffnet euch für die dunklen Seiten eures Selbst und seid empfänglich für Hilfe.

Uranus steht für das Plötzliche, das Wunder, das Erwachen eures Selbst. Ihr öffnet euren „Hals“, um Außen und Innen zu verbinden, trefft gleichgesinnte Menschen und findet Hilfsmittel, die euch weiterbringen.

Saturn: Ihr wollt euch nicht mehr an äußeren Sicherheiten und Strukturen festklammern und seid dazu bereit, Altes hinter euch zu lassen. Saturn hat den Schlüssel, euch die Tore zu neuen Erkenntnissen, zum Licht zu öffnen. Ihr lernt, euch auf eure Stärken zu besinnen, Verantwortung für euch zu übernehmen und Selbstvertrauen und Selbstsicherheit aufzubauen.

Jupiter: Durch das Erfassen der Gesetzmäßigkeiten und des Nacheinanders in der Materie nehmt ihr die Ursachen – eure Glaubensmuster, Gedanken und Worte wahr, durch die ihr eure Realität erschafft. Ihr werdet euch immer mehr des Sinns des Lebens bewusst und erkennt, dass ihr durch das Verstehen und die Vereinigung der beiden Pole, Geist und Materie, durch Ein-Sicht, zu eurem wahren Gleichgewicht zurückfindet.

Mars symbolisiert euer Vorwärts in die tieferen Gründe eures Selbst. Ihr könnt mutig alte Glaubensmuster, Ängste und Zweifel abschütteln und seid offen für neue Herausforderungen, durch die ihr euch eures inneren Feuers bewusst werdet. Ihr wisst jetzt, dass ihr die Schöpfer eurer Realität seid und das materialisiert, was zur Erweiterung eures Selbst führt. Das macht euch empfänglich.

Für diese weibliche Hingabe steht **Venus.** Ihr müsst nicht mehr kämpfen, sondern bejaht euch selbst, das Leben und das Universum. Liebe und Harmonie spiegeln sich in allem, was ist. Ihr seht nur noch das Schöne und Positive, auch das Negative hat eine neue Bedeutung, wird positiv. Ihr habt zu euch selbst zurückgefunden und seid euch eures Reichtums bewusst, der sich nun ins Außen ergießen kann.

Merkur: Ihr erfasst immer größere Zusammenhänge und könnt das Puzzle zu einem Ganzen vereinen. Ihr versteht jetzt, dass alles eins ist und mit euch in Zusammenhang steht.

Vierte Phase

Merkur: Damit tretet ihr wieder in den oberen Kreis, in die geistigen Welten, ein und habt Zugang zu eurer vorher dunklen, unbewussten Seite. Ihr seid androgyn, eure weibliche Seite (**Venus**) ist mit der männlichen (**Mars**) vereint. Eure Seele ist in Harmonie – Ein und Aus, Aus und Ein sind eins. Ihr erschafft euch Menschen, Spiegelbilder, die euer Wissen teilen und die Begleiter auf eurem Weg zurück zu eurem geistigen ursprünglichen Selbst sind.

Jupiter: Ihr erfasst die immense Fülle, den geistigen Reichtum, das Gold, das ihr in euch habt, welches ihr jetzt bewusst materialisieren könnt.

Saturn: Ihr erkennt die Grenzenlosigkeit und totale Freiheit. Alle Fesseln sind gesprengt und die Materie beginnt sich aufzulösen.

Uranus: Ihr löst euch vom Nacheinander und gelangt zur allumfassenden Sicht (**Neptun**). Ihr seid auf dem Weg in euren ursprünglichen Zustand.

Merkur: Ihr seid allwissend zurück im Ursprung, seid all-eins.

Tarot

Das Tarot ist eines von vielen Hilfsmitteln. Das Wort „Tarot“ kommt aus dem Ägyptischen, „Tar“ bedeutet Pfad und „ro“ königlich, Tarot bedeutet also „der königliche Weg“. „Taro“, wie ihr es aussprecht, hat dieselben Buchstaben wie „Rota“ – Rotation und Bewegung. Das Wort Tarot birgt auch „Tor“ und „Rat“ in sich – Türöffner und Ratgeber. Ebenso die Wörter „rot“ und „tar“ (englisch Teer = schwarz) – „rouge et noir“. Sie spiegeln sich in den Spielfarben der französischen Karten und im Roulette. Hinter „Spiel“ steht Sucht, Lust, Ekstase und damit das Verteufeltsein. In „Sucht“ ist aber auch die Suche. Und genau das ist das Tarot, ein Spiel für die Suchenden.

Rot wird oft mit Feuer und dem Teufel in Zusammenhang gebracht – mit dem Negativen und all dem, was ihr aufgrund eurer Glaubensmuster verurteilt. Im innersten Zentrum eures Wesens ist dieses Feuer: Freude, Lebenslust, Ekstase und Leidenschaft. Es ist eure geistige Schöpferkraft, mit der ihr alles, was ihr euch vorstellt, erschaffen könnt, wenn ihr euch von den begrenzenden Glaubensmustern loslöst. Das Leben wird zum Spiel, ihr könnt eurem freien Wunsch entsprechend spielerisch zerstören und gestalten, wie und was ihr wollt.

Das Schwarze und Negative sind eure Schattenseite und das Unbewusste. Setzt ihr euch mit dem, was ihr verurteilt, auseinander und nehmt es als Teil eures Selbst an, dann ur-teilt ihr (euch) nicht mehr. Lasst die dunklen und die hellen Seiten, das Bewusste und das Unbewusste, zu einer Ganzheit werden und ihr tretet in den paradiesischen Zustand ein, den ihr im Leben sucht. Schwarz ist dann Weiß, oben unten, außen innen und nichts ist alles.

Durch das spontane, unbewusste Ziehen der Tarot-Karten und das Lesen der Texte könnt ihr lernen, euch eurer Denk- und Glaubensmuster bewusst zu werden, die dunklen Seiten in euch zu erhellen und zu akzeptieren.

Das Tarot-Spiel setzt sich zusammen aus:
22 großen Arkanen
16 Hofkarten
40 kleinen Arkanen, die in vier Gruppen, Stäbe, Kelche, Schwerter und Scheiben, aufgeteilt sind.
In den großen Arkanen spiegelt sich auch euer Lebensweg, auf den später eingegangen wird.

Die vier Gruppen entsprechen den vier Elementen und den vier Jahreszeiten. Die Aufteilung in vier findet ihr auch im französischen Kartenspiel. Die Karo-Karten entsprechen den Kelch-Karten des Tarots, dem Frühling. Die Kreuz-Karten den Schwertern, dem Sommer. Die Herz-Karten den Scheiben- oder Münzkarten, dem Herbst, und die Pik-Karten den Stäben, dem Winter. Bei den französischen Karten gibt es, im Gegensatz zum Tarot, 12 Hof- oder Personenkarten (Monate), die zusammen mit den 40 Zahlenkarten 52 (52 Wochen eines Jahres) ergeben. Jede Farbe hat 13 Karten (13 Mondphasen eines Jahres).

Im Folgenden wird die Beziehung des Tarots zu den vier Elementen aufgezeigt.

Die vier Elemente

In den Tarotkarten und den westlichen astrologischen Zeichen findet ihr die vier Elemente Feuer, Wasser, Luft und Erde, und diese zeigen sich auch in den Jahreszeiten, Frühling, Sommer, Herbst und Winter, und im Tagesablauf, Morgen, Mittag, Abend und Nacht.

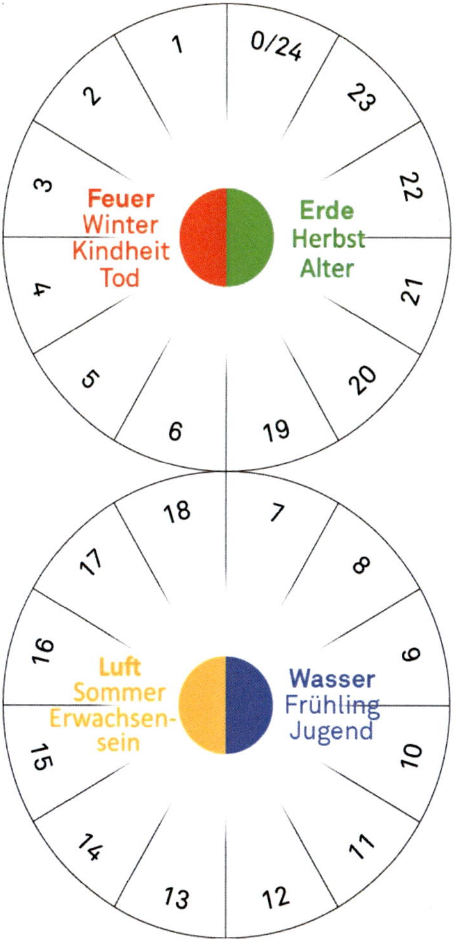

Das ***Feuer-Element*** entspricht dem Winter, der Nacht, der Kindheit und gleichzeitig dem Tod.

Das ***Wasser-Element*** entspricht dem Frühling, dem Morgen, der Jugend.

Das ***Luft-Element*** entspricht der Zeit des Sommers, des Mittags, des Erwachsenseins.

Das ***Erd-Element*** entspricht dem Herbst, dem Abend, dem Altern.

Die Beziehung der vier Elemente zu den Texten der Tarotkarten:

Die ***Stab-Karten*** entsprechen dem ***Feuer*** – Kraft, Dynamik, Wille, Zerstören und Zeugen, Stärke und Energie. Das Feuer ist euer innerster Kern, eure innere Sonne. Die Sonne hat die Macht, zu verbrennen, zu zerstören und gleichzeitig aufzubauen und zu erschaffen. Jeder von euch hat die Sonne in sich. **Jeder ist das Zentrum seiner Realität**, so wie die Sonne am Himmel symbolisch das Zentrum des Sonnensystems widerspiegelt.

Die ***Kelch-Karten*** widerspiegeln das ***Wasser*** und haben mit „Emotionen" zu tun. E-Motion ist der Fluss, der das Innere nach außen trägt („E" = ex und „Motion" = Bewegung). Ihr lasst euer Inneres in die Realität hinausfließen. Dort seht ihr unzählige Bilder, die sich bewegen und die alle Aspekte, Spiegelbilder eures Selbst sind, durch die ihr euch erkennen könnt.

Die andere Bewegung ist die des Hineinnehmens, des Verstehens, der Bewusswerdung. Seid ihr euch dieses Hinaus und Hinein (beim Atmen und in der Blutzirkulation versinnbildlicht) bewusst, ist eure Seele nicht mehr gespalten. Ihr realisiert, was ihr selbst realisiert habt!

Die ***Schwert-Karten*** stehen für die ***Luft***. Luft, Wind bringen Neues. Winden – wenden. Ihr müsst etwas umwenden, umdrehen, um euch der anderen Seite bewusst zu werden und an euren Ausgangspunkt zurückzukommen. Das Luft-Element entspricht dem Sommer, wenn ihr draußen, im Freien seid. Das Freie – Freiheit, sich befreien. Darum geht es bei den Schwert-Karten des Tarots. Sie werden mit dem Verstand in Verbindung gebracht. Nur mit eurem eigenen „geistigen"

Schwert, eurem Verstehen, könnt ihr alte Glaubensmuster zerschneiden und euch aus Fesseln und Begrenzungen befreien. Solange ihr jedoch ans Außen glaubt, braucht ihr das Schwert gegen die anderen, gegen die Umstände und für eure Verteidigung. Und benutzt ihr das Schwert nicht, werdet ihr wie Dornröschen von Hecken eingemauert und verschlaft die Bewegung und das Leben.

Das Luft-Element zeigt euch, dass ihr für das Neue offen sein sollt. Offen für Ideen und Impulse von außen und von eurem Inneren. Offen für die Auseinandersetzung mit euch selbst, um eure wahren Bedürfnisse und Wünsche zu realisieren. Dann könnt ihr euch aus eurem selbst erbauten Gefängnis befreien und den wahren Sinn des Lebens verstehen. Verstehen – stehen, Verstand – Stand. Lernt, zu euch selbst zu stehen und mit eurem Verstand euren Stand-Ort zu bestimmen und Standfestigkeit aufzubauen.

Die ***Scheiben-Karten*** (oder Münz-Karten) entsprechen der ***Erde*** und dem Herbst, dem Altern, dem Abend, wenn sich die Energien zurückziehen. In der Elektrizität ist „erden" das Ab- oder Zurückleiten von Energie in die Erde, das Zurückführen der Spannung zum Nullpunkt. „Erden" bedeutet also das Verdichten, Zentrieren und Verfestigen des Ichs.

„Erde" ist eure Welt und auch der Boden, das Dunkle und Unbelichtete. Alles, was im Außen ist, ist in euch selbst! Deshalb weisen die Scheiben-Karten, auf denen ein Kreis oder die 0 dargestellt ist, auf Wechsel, Veränderung und Reichtum hin. Je mehr ihr euer einzigartiges Ich erfasst, desto tiefer wird das Verständnis eures inneren Reichtums. Dieser widerspiegelte sich im Außen schon immer – nun nehmt ihr ihn wahr. Die Erkenntnis eurer inneren Großartigkeit und die Veränderung eurer Sicht bringt euch „goldige" Erweiterung.

Ver-(a)ende-rung – Ende, Umdenken und Wende. Lernt, verkehrt zu sehen und zu begreifen, dass das eine das andere ist.

Setzt euch mit Zeichen, Symbolen und Mitmenschen auseinander und betrachtet euer Leben von anderer Seite. Werdet euch eures Inneren bewusst und realisiert, dass ihr selbst die Schöpfer eurer „Erde" seid. Das, was ihr denkt und über eure Worte in die Materie ausfließen lasst, realisiert sich! Erinnert euch: Das Wort, aus dem die Welt geworten ist!

Dazu einer meiner wichtigsten Lernprozesse. Täglich bin ich mit meinen Hunden unterwegs und wohl nicht die Einzige, die ungern bei Regen spazieren geht. Um einen angenehmen Spaziergang „magnetisch anzuziehen“, versuchte ich anfangs, die Wolken „wegzufegen“ und scheiterte. Ich erinnerte mich daran, dass sich Wolken und Regen logischerweise manifestieren, wenn ich daran denke. Also sprach ich meinen Wunsch neu aus: Es bleibt trocken, bis … – und es klappte. Über Jahre ist es mir (fast) immer gelungen, trocken ins Auto oder nach Hause zu gelangen. Und vor Kurzem wollte ich meinen Geburtstag mit Freunden auf einem Schiff feiern. Für eine Fahrt auf dem Zürichsee wurden mir nur zwei Termine angeboten. Nach kurzem Überlegen entschied ich mich für den 7. Mai und sagte laut: „Es wird ein fantastischer, warmer Tag.“ Der große Tag näherte sich, das Wetter war kalt und regnerisch, es musste sogar geheizt werden. Aber am Morgen meines Festes wandte sich alles zum Positiven – Sonnenschein und angenehmste Maiwärme bis spät in die Nacht hinein! Einmal mehr wurde mir bewusst, welch große Macht die Worte haben – wie sie Materie machen.

Astrologischer Kreis

Den vier Elementen sind auch folgende Tierkreiszeichen zugeordnet:
- dem ***Feuer-Element*** Schütze, Widder und Löwe
- dem ***Wasser-Element*** Fisch, Krebs und Skorpion
- dem ***Luft-Element*** Wassermann, Zwilling und Waage
- dem ***Erd-Element*** Steinbock, Stier und Jungfrau

Die 12 Tierkreiszeichen und ihre Symbolik sind besser verständlich, wenn sie in den Kreislauf des Jahres und der Monate eingegliedert sind.

Wenn ihr das Erscheinen der entsprechenden Sternbilder am Himmel von Süden betrachtet, dann „steigen“ sie im Osten auf. Euer astro-

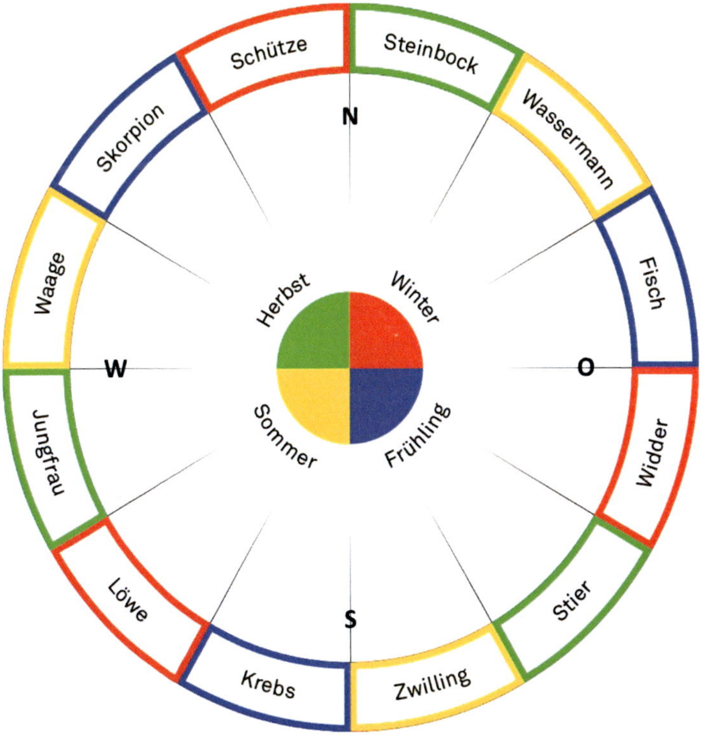

logisches Sonnen-Zeichen entspricht demjenigen Sternbild, welches zur Phase eurer Geburt ins Licht „gewandert“ und deshalb nachts nicht mehr sichtbar ist. Auch der Aszendent wird so berechnet, wobei hier die Uhrzeit, die Minute eures Sprungs in die Materie, wichtig ist.

Die vier Himmelsrichtungen stehen für den jeweiligen Beginn einer neuen Dreimonatsphase. Norden, der auch auf jeder Landkarte immer oben ist, ist der Anfangspunkt des Kreises, wo der Herbst zum Winter wird, respektive die Nacht beginnt. Osten ist beim Umbruch vom Winter zum Frühling, Zeit eures Aufwachens. Süden, der Sommerbeginn, entspricht der Mitte des Tages, eurer Bühne, auf der ihr im Außen „tanzt“. Und den Westen, den Herbstanfang, könnt ihr dem Abend gleichsetzen, wenn ihr euch auf euer Heim, euer Inneres konzentriert.

Im astrologischen Kreis fehlt in jeder Jahreszeit das vierte Element. Im Winter seht ihr im äußeren Kreis das Erd-Element (Steinbock), das Luft-Element (Wassermann) und das Wasser-Element (Fisch), das Feuer-Element jedoch fehlt. Im Frühling fehlt das Wasser-Element, im Sommer das Luft- und im Herbst das Erd-Element.

Wenn die fehlenden Elemente im Zentrum eingezeichnet sind, ergibt sich ein innerer Kreis, der für euer Heim, euer Inneres steht.

Während des **Winters** habt ihr im Haus die Wärme, das Rot des Feuer-Elements. Die kalte Luft, die dem zentral gelegenen Luftzeichen des Wassermanns im äußeren Kreis zugeordnet ist, herrscht im Außen.

Im **Sommer** ist die Wärme, die Hitze im Außen, symbolisiert durch das Feuerzeichen des Löwen. In eurem Heim lüftet ihr oft und bringt mit Ventilatoren oder Klimaanlagen das Luft-Element, „Frische“ nach innen.

Frühling und Herbst sind die Jahreszeiten der Bewegung und des Ausgleichs der beiden Pole Sommer und Winter.

Im **Frühling** fehlt im äußeren Kreis das Wasser-Element, das Wissen – ihr verlasst das Heim, euer Inneres, geht hinaus in die Natur, bewegt euch wie in der Jugend von innen nach außen, um neue Erfahrungen und Erkenntnisse aus dem während des Winters „Ausgebrüteten“ zu sammeln. Es wird wärmer, die Wiesen und Bäume werden grün – sichtbar durch das „grüne“ Erd-Element Stier.

Im **Herbst** zeigt das Erd-Element im inneren Kreis, dass ihr euch in eure Häuser zurückzieht, weil es kälter wird und ihr euch wieder mehr und mehr auf euer Inneres zentriert. Das Wasser-Element Skorpion liegt zentral im äußeren Kreis und steht für den Nebel und die Feuchtigkeit in dieser Jahreszeit.

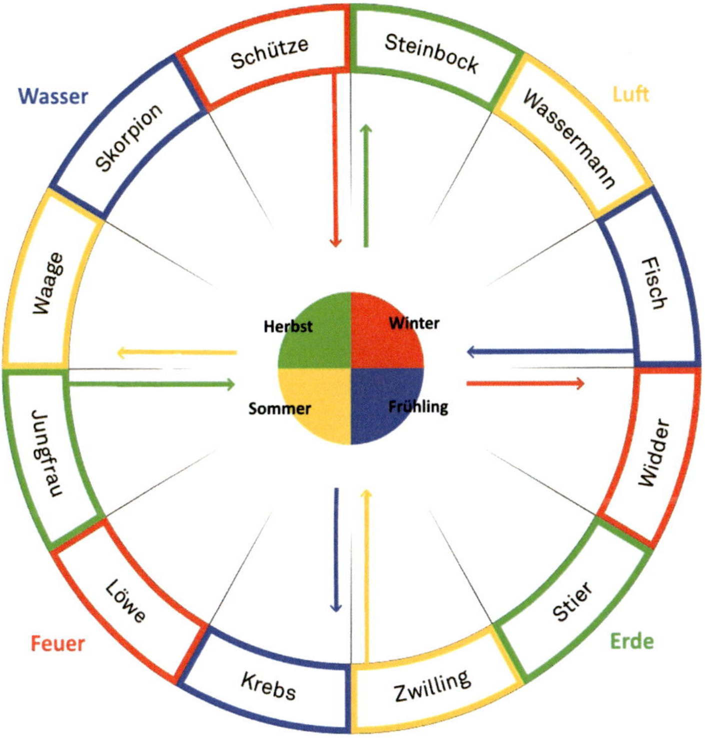

Die obige Darstellung lässt euch sehr deutlich die Bewegung vom **Hinein und Hinaus**, vom Nacheinander in eurem irdischen Leben erkennen. Das letzte astrologische Zeichen jeder Jahreszeit zieht sich ins Zentrum zurück, um dort während dreier Monate aktiv zu sein und sich dann in geändertem „Bild" im Außen wieder sichtbar zu machen. Der Schütze (Feuer-Element, euer Wille nach Vorwärts) z. B. zieht seine Energie, einem Baum gleich, ins Innere zurück, um sich während des Winters zu stärken und das zu erschaffen, was zur

Zeit des Widders (wieder Feuer-Element) beginnt, sich in der Realität zu materialisieren. Erst im Gegenpol, im Sommer, zur Zeit des Feuer-Zeichens Löwe, erlebt ihr die Energie im Außen – die Bäume erstrahlen in ihrer vollen Pracht.

Lange erschafft ihr unbewusst eure Realität. Werdet ihr euch jedoch dessen bewusst, dass euer Ein- und Ausatmen, eure Blutzirkulation, diese Bewegung von Hinein und Hinaus, Realisieren und Realisieren widerspiegelt, dann ist der Zeitpunkt gekommen, Verantwortung für euch und euer Leben zu übernehmen und das Außen als Spiegel eures Inneren zu betrachten.

Mit dem ersten Atemzug entscheidet euer Inneres, dass es den Schritt in die Polarität machen will – Aus und Ein beginnt. Ihr atmet ein und haucht aus. Hier möchte ich euch daran erinnern, dass die Seele der Fluss dieses Hinein und Hinaus ist, der Leben und Tod, Tag und Nacht, Schwarz und Weiß möglich macht, die beiden Pole verbindet. Das Eine kann ohne das Andere nicht sein! Ihr findet eure Harmonie dann, wenn ihr das Innen und Außen in Gleichklang bringt.

Und so hat alles immer mit euch selbst zu tun. Aus diesem Grund seid ihr nicht „**nur**" Löwe, wenn ihr im August geboren seid, sondern ihr habt die Qualitäten aller Sternzeichen in euch. Ihr macht jeden Morgen eine „Wiedergeburt" durch und durchlauft im Leben, in einem Jahr, ja in zwei Stunden, Phasen, die euch durch die jeweiligen Sternzeichen gespiegelt werden. Wie die Sonne die Erde nicht gleichzeitig überall belichtet, so werft auch ihr euer Licht während eines Tages, eines Moments, auf jeweils andere Aspekte, durch die ihr eure unbewusste Seite belichten und euer Bewusstsein erweitern könnt. Je konzentrierter ihr euch also mit dem Momentanen auseinandersetzt, desto schneller geht der Zyklus, desto unbedeutender wird die Zeit. Ihr könnt euch in einem Tag, ja, über Nacht so schnell entwickeln, wie vorher in einem oder mehreren Jahren. Das Nacheinander, die Zeit gibt es nicht mehr – alles wird gleichzeitig, im Hier und Jetzt.

Zurück zum oben dargestellten Kreis, der euch symbolisch euren Weg über ein Jahr beschreibt:

Im ***Dezember***, zur Zeit des Feuer-Zeichens Schütze (Rot), verspürt ihr den Wunsch nach Vorwärts, seid aktiv und wollt viele Dinge vor dem Jahreswechsel vollenden. Ihr setzt euch Ziele für die Zukunft, an denen ihr während der Wintermonate innerlich arbeitet. Eure Unternehmungen finden wegen der Kälte draußen mehr drinnen statt.

Im Außen materialisiert sich im ***Januar***, zur Zeit des Steinbocks (Erd-Element, Grün), das, was ihr im Herbst-Sektor innerlich „verfestigt" habt. Dies gibt euch die nötige Sicherheit und innere Stärke, die euch im ***Februar***, der Zeit des Wassermanns (Luft-Element, Gelb), offen für neue Ideen und Herausforderungen sein lässt.

Im ***März***, zur Zeit des Fisches (Wasser-Element, Blau), müsst ihr euch mit den daraus folgenden neuen Eindrücken auseinandersetzen und sie verarbeiten. Es ist die Zeit des Flusses, wenn sich eure innere Bewegung spiegelbildlich im Außen materialisiert. Situationen manifestieren sich, durch die ihr euch eurer Verantwortung bewusst werdet. Endet die Zeit des Fisches, zieht sich das Blau ins Zentrum zurück, um durch die Erfahrungen, die ihr während des Frühlings macht, Wissen aufzubauen.

Im ***April***, zur Zeit des Widders (Feuer-Element, Rot), kommt euer inneres Feuer und euer Wille, der sich während der Wintermonate innerlich gefestigt hat, zum Vorschein. Ihr brecht in eine neue Phase auf und erschafft euch Situationen, in denen ihr mutig Schritte nach vorn zu machen und zu eurem veränderten Denken und Handeln zu stehen lernt.

Im ***Mai***, zur Zeit des Stiers (Erd-Element), „verdichtet" sich euer schöpferisches Schaffen zu Realität – Blumen blühen, die Bäume werden grün. Ruhig und standhaft geht ihr euren Aufgaben nach, übernehmt Verantwortung für euch selbst. Dies gibt euch die nötige Sicherheit, um die nächsten Herausforderungen anzupacken, die euch zu den Zielen führen werden, die ihr euch im Dezember innerlich gesetzt habt.

Im ***Juni***, zur Zeit des Zwillings (Luft-Element), seid ihr neugierig, wissbegierig und offen für neue Menschen und Aufgaben, die ihr euch erschafft, um euch zu ent-wickeln.

Im ***Juli***, zur Zeit des Krebses (Wasser-Element), beginnt der Sommer. Das im Frühling verinnerlichte Wissen materialisiert sich im äußeren Kreis. Jetzt „krebst" ihr nicht mehr ängstlich zurück, sondern packt entschlossen und zielgerichtet Neues an.

Im ***August***, zur Zeit des Löwen (Feuer-Element), symbolisiert die Hitze eure Aktivität und euren Willen, euch durch Erlebnisse eurer Stärken bewusst zu werden. Dies bringt euch die nötige Kraft und

Gewissheit, alles, was euer Inneres materialisiert, selbstsicher meistern zu können.

Der ***September*** ist der neunte Monat, die Zeit der Jungfrau (Erd-Element). Die Neun symbolisiert immer eine Veränderung. Ihr wertet das Vergangene strukturiert aus, realisiert, dass ihr euch konzentrieren müsst und zieht euch allmählich aus eurer Aktivität im Außen zurück. Es ist der Beginn der Verdichtung – das Erd-Element wandert ins Innere und ist dort bis zur Zeit des Steinbocks, Ende des Jahres, aktiv.

Im ***Oktober***, zur Zeit der Waage (Luft-Element), geht es um das Ausgleichen. Ihr wägt zwischen innen und außen ab, zieht Bilanz und erkennt, dass sowohl das Eine wie auch das Andere, Sommer und Winter, das Bewusste und das Unbewusste, das Du und das Ich ihre Gültigkeit haben. Dadurch findet ihr euer inneres Gleichgewicht.

November, die Zeit des Skorpions (Wasser-Element), ist die Zeit des Nebels. Das Außen beginnt grau und düster zu sein, was euch dazu zwingt, euer Heim zu belichten – innerlich zu Klarheit zu kommen. Die kürzeren Tage, die Dunkelheit, das Unbewusste fordern euch dazu auf, eure Aufmerksamkeit mehr auf den Kern der Sache und auf das Wesentliche eures Selbst zu richten.

Im ***Dezember***, zur Zeit des Schützen (Feuer-Element), seid ihr wieder aktiv. Ihr vollendet eure Aufgaben, um das Ziel, das ihr euch innerlich ein Jahr zuvor gesetzt habt, zu erreichen. Mit eurem Feuer peilt ihr euer nächstes Ziel an. So schließt sich der alte Kreis, während der neue bereits beginnt.

Im Dezember 1989 zog ich in ein neues Heim, das mich zu einem Mann führte, der am 1.1.1990 bei mir einzog. Es war ein Neubeginn. Ich hatte mich während der Herbstmonate genügend geerdet, um mich auf diese neue Herausforderung einzulassen. Der frische Wind und meine Offenheit brachten mir im Februar viel Neues. Ich wurde mit meinen Ängsten konfrontiert, hatte aber auch Einfälle, Intuitionen. Im März übernahm ich viel Verantwortung für meinen Freund, der seine Probleme nicht lösen konnte oder wollte. Im April wurde mir klar, dass ich mein Feuer und meine Kraft für mich selbst einsetzen und nicht meinen „Spiegel“, sondern mich selbst verändern musste. Im Mai war ich gefestigt genug und konnte mich von diesem Mann trennen. Er hatte mir meine Schattenseiten, Schwäche und die Unfähigkeit, selbst Verantwortung zu übernehmen, so lange „vorgespielt“, bis ich mir ihrer bewusst war und ihn als Spiegel nicht mehr benötigte. Im Juni war die Zeit reif für eine neue Aufgabe, die mich zu den unbewusst gesteckten Zielen hinführen sollte. Ich wurde für einen Kurs über die Bachblüten angefragt, was mir zu eng gefasst war. Der Organisator gab mir vier Tage Zeit, mich zu entscheiden, ob und über was ich Lust hätte, an fünf Abenden je zwei Stunden lang zu sprechen. Aus dem Nichts kam mir die Idee, den Kurs über „Wir leben, um bewusst zu werden" abzuhalten, was er gut fand. Dies stellte mich vor eine große Herausforderung. Während der Sommermonate beschäftigte ich mich intensiv mit meinen Hilfsmitteln, Tarotkarten, Bachblüten, Kristallen, die ich den Kursteilnehmern an den verschiedenen Abenden näherbringen wollte. Die Herbstmonate waren dann die Zeit der Verdichtung. Ich musste die verschiedenen Aspekte abwägen, mich auf das Wesentliche konzentrieren und die Erkenntnisse, die ich durch die Hilfsmittel gesammelt hatte, auf einen gemeinsamen Nenner bringen. Eigentlich sollte der Kurs im November stattfinden, doch mangels eines geeigneten Lokals musste er auf Januar verschoben werden. Später wurde mir bewusst, dass ich im November noch nicht bereit war. Erst im Dezember wurde ich aktiv, um meine Erkenntnisse ordnen zu können und mich sicher und gut vorbereitet zu fühlen.

Später wurde mir klar, dass das ganze Jahr darauf ausgerichtet war, geistig zu wachsen, immer mehr zu verstehen und gleichzeitig zu lernen, zu mir selbst zu stehen. Im Januar fand mein Kurs statt. Nun musste ich mich beweisen und meine Erkenntnisse vor einem Publikum in Worte fassen. Dies war der Abschluss des einen und gleichzeitig der Beginn von etwas Neuem – Anfang Februar 1991 entpuppte es sich. Eine Kursteilnehmerin gab mir den Anstoß, das Gesprochene in Geschriebenes, in ein Buch umzusetzen.

Mein Wille und Einsatz, mich mit den Hilfsmitteln auseinandergesetzt und mit ihnen meine Schattenseiten belichtet zu haben, führte nun in eine Reise in mein Inneres. Ich setzte mich an den Computer, und „es" begann zu schreiben. Alle Texte, Zeichnungen und ihre damals für mich unfassbaren, großen Zusammenhänge flossen durch meine Finger in den Computer und kamen danach auf dem Papier zum Ausdruck. Es war unglaublich!

Diese Weisheiten waren für mich damals überwältigend, und ich konnte sie mit niemandem teilen. So landete das Manuskript für lange Zeit in einer Schublade. In meinen Gedanken begleiteten sie mich jedoch ständig, und ich begann, meine Ansichten zu verändern. Heute weiß ich durch das Erkennen und das Erleben, dass alles, was mir damals zugeflogen kam, seine Gültigkeit hat: Jeder ist der Macher seiner Realität!

Erde

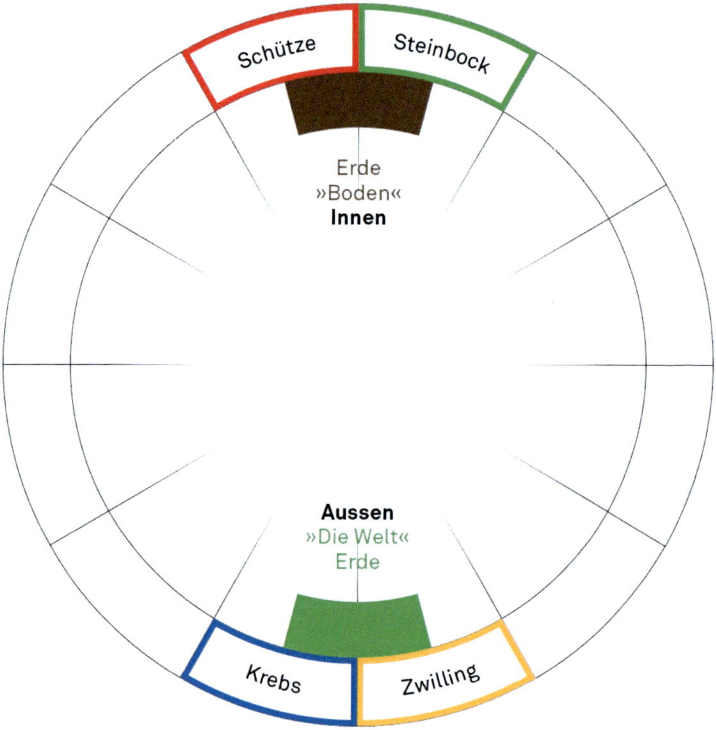

In dieser Darstellung treffen „oben" die Farben Rot (Schütze) und Grün (Steinbock) zusammen, „unten" die Farben Gelb (Zwilling) und Blau (Krebs). Rot und Grün ergeben zusammen Braun, Gelb und Blau Grün, die Farben der Erde.

Die Erde ist zum einen die braune Erde, der Boden, in den ihr etwas pflanzt. Sie spiegelt eure innere, unbewusste Seite. Diese Erde herrscht zur dunkelsten Zeit des Jahres, des kürzesten Tags, des Jahresumbruchs, und symbolisiert den Pol des Todes und des Neubeginns, des Geistes als Gegenpol zur Materie. Tote werden in dunkler Erde be-graben. Grab, das Bett des Schweigens. Im Bett, zur Schlafenszeit, erschafft ihr, losgelöst von der Materie, geistig das Neue, das Morgen.

Erde ist aber auch der Erdball, die Welt. Diese ist die Spiegelung des Unbewussten jedes Einzelnen von euch. Sie hat die Farbe Grün, die Verschmelzung von Blau und Gelb, und versinnbildlicht als Gegenpol zur braunen Erde das Leben. Die grüne Erde herrscht zur Zeit des längsten Tages, des Sommeranfangs, und steht am Umbruch von Jugend zu Erwachsensein. Die Jugend wächst aus der Sturm- und Drangzeit hinaus und glaubt an die Gültigkeit der Realität. Damit beginnt der Ernst des Lebens. Ihr habt euer ganzes Wissen und Wesen in alle Einzelteilchen des Weltbilds zerstreut und euch Begrenzungen und Einengungen aufgebaut. Das Gegenüber, die Welt ist mächtig geworden und droht euch zu „überwältigen". Dies bringt Ängste und Zweifel, denn ihr seid ja ein Nichts und nicht wichtig. Irgendwann jedoch kommt der Punkt, wo ihr aus eurem Innersten heraus eine Umwandlung des Denkens, eurer Sicht, als not-wendig erkennt. Ihr öffnet euch für Hilfsmittel und Menschen, durch die ihr das Irdische hinterfragt und mehr und mehr versteht, dass die grüne Erde, die Welt, voller Symbole ist, anhand derer ihr euch der braunen Erde, des Unbewussten und Dunklen, bewusst werdet. Dies ist der Weg: die beiden Pole oben und unten zu verbinden – zum ursprünglichen, geistigen, multidimensionalen Wesen, das ihr seid, zurückzufinden.

Faszinierend ist das Wort „Erde" – er-de. „Er-" – erschaffen, erarbeiten usw. „De-" – delegieren, demontieren, was auf loslassen, auflösen deutet. Im Wort „Erde" ist eure Bewegung beschrieben: ein und aus, aktiv und passiv, erschaffen und loslassen.

Ihr realisiert, dass ihr alles realisiert, und lasst Altes los, um Neues zuzulassen.

Bachblüten-Texte in Verbindung mit den westlichen Stern- und den chinesischen Tierzeichen

Die Texte der Bachblüten machen euch auf viele Grundprobleme eurer Denk-, Glaubens- und Verhaltensmuster aufmerksam. Sie lassen euch, wie alle Hilfsmittel, aus der Dunkelheit der Unbewusstheit erwachen und bringen euch dadurch Klarheit, was ihr verändern könnt.

Im Folgenden sind die westlichen Stern- und die chinesischen Tierzeichen in der Zahlenfolge mit den Bachblüten in Verbindung gebracht.

Das chinesische Neujahr wird nach dem traditionellen chinesischen Lunisolarkalender berechnet und fällt jeweils auf einen Neumond zwischen dem 21. Januar und dem 21. Februar. Deshalb entsprechen

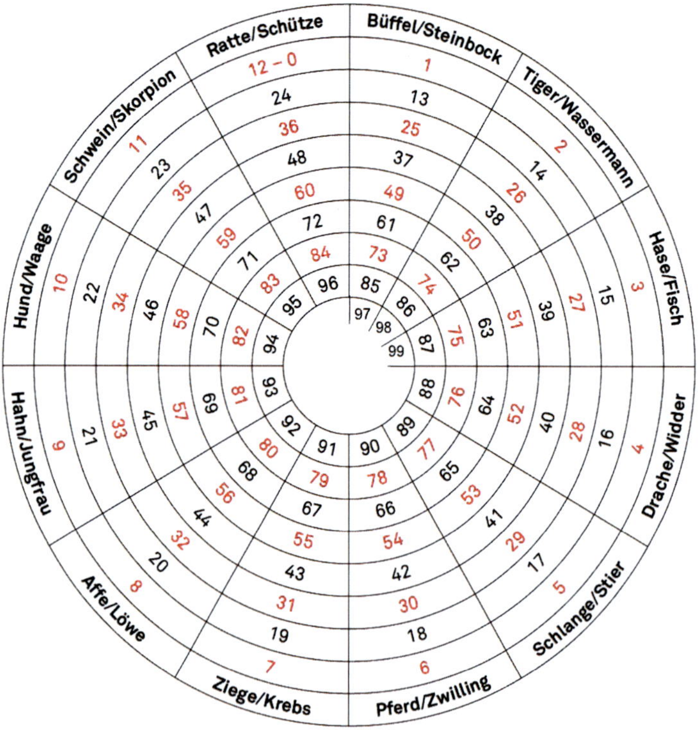

die Tierzeichen nicht ganz den westlichen Sternzeichen und den Monaten, ebenso wie sich ja auch die Sternzeichen nicht ganz mit den Monaten decken. Aber wichtig sind die Zusammenhänge.

Der Steinbock und der Büffel, das erste Stern- bzw. Tierzeichen, stehen für Beständigkeit, Stärke und Geradlinigkeit bis zu Sturheit. Sie stehen für den Willen, Ziele zu erreichen, und die Bereitschaft, Hindernisse aus dem Weg zu räumen. Im negativen Sinne halten sie an Altem, an Strukturen und Verhaltensmustern fest und können ihre inneren Bedürfnisse nicht mit dem Außen in Verbindung bringen.

Die Bachblüten 1 (Agrimony) und 25 (Red Chestnut) deuten auf zu viel Aktivität im Außen. Dadurch versucht man sich abzusichern und sich von inneren Ängsten und Befürchtungen zu lösen. Wenn ihr eine dieser Bachblüten-Essenzen zieht, dann lautet die Aufforderung, Verantwortung für euch selbst zu übernehmen und die Verbindung zwischen eurem Innen und dem Außen aufzubauen. Nur durch die Zentrierung auf euch selbst erwächst Sicherheit und Stärke.

Die Bachblüten 13 (Gorse) und 37 (Wild Rose) machen euch darauf aufmerksam, dass ihr euch innerlich aufgebt, euch „leer" fühlt und keine Kraft habt, etwas zu verändern.

Alle vier Bachblüten haben damit zu tun, euch eurer Energie, Ursprung allen Seins, bewusst zu werden und sie für euch selbst fließen zu lassen.

Der Wassermann und der Tiger symbolisieren Initiative und Vorwärtskommen, Offenheit, Ehrgeiz, den Drang zu forschen und sich zu entwickeln. Sie sind auf dem Sprung. Im negativen Sinne sind sie wenig konzentriert, zurückgezogen, verschlossen, und es fehlt ihnen an innerer Sicherheit.

Die Bachblüten 2 (Aspen) und 26 (Rock Rose) handeln von Ängsten und Labilität. Bei ihnen geht es darum, Vertrauen in euch selbst aufzubauen und euch der inneren Kraft und Standfestigkeit bewusst zu werden, damit ihr neue Herausforderungen zuversichtlich anpacken könnt.

Die Bachblüten 14 (Heather) und 38 (Willow) zeigen, dass ihr eure ungelösten Probleme auf andere abzuwälzen versucht und euch aus Verbitterung und Groll oft zurückzieht. Sie helfen, euch nach innen zu öffnen, um euch eures Feuers bewusst zu werden, wodurch ihr Altes verbrennen und frischen Mutes in die Zukunft schreiten werdet.

Der Fisch und der Hase stehen für die Suche nach Harmonie, Liebe und Zuwendung. Im positiven Sinn geht es um Selbstliebe und Selbstverantwortung. Negativ: Sie erstarren in Normen und Strukturen, passen sich ängstlich an und wollen Liebe „kaufen“. Mit dieser Haltung opfern sie sich auf und verpuffen ihre wertvolle Energie, körperlich und auch Geld betreffend.

Die Bachblüten 3 (Beech), 15 (Holly) und 27 (Rock Water) machen darauf aufmerksam, dass ihr eure Energie falsch einsetzt, euch inneren und äußeren Zwängen unterwerft und eure wirklichen Bedürfnisse unterdrückt. Ihr erstarrt, seid hart und intolerant euch selbst und eurer Umwelt gegenüber. Die Blüten fordern euch dazu auf, die Strenge zu verbrennen, euch selbst gegenüber ehrlich zu sein, euch selbst zu lieben, anzuerkennen und Verantwortung für euch selbst zu übernehmen.

Der Widder und der Drache – Aktivität, Wille, Schwung, Leidenschaft und Begeisterungsfähigkeit. Negativ zerstreuen und verausgaben sie sich, können sich nicht abgrenzen und keine klaren Entscheidungen treffen.

Die Bachblüten 4 (Centaury), 16 (Honeysuckle) und 28 (Scleranthus) zeigen, dass ihr eure Energien nicht gezielt einsetzt, nicht Nein sagen könnt und dass ihr immer zwischen Extremen hin- und herschwankt, was euch träge macht. Anstatt euch zu bewegen, fixiert ihr euch lieber auf das, was war, um den Boden unter den Füßen nicht zu verlieren.

Bei allen drei Blüten geht es darum, euren Eigenwillen und eure Standfestigkeit wiederherzustellen, damit ihr eure Energien für euer Vorwärtskommen und eure Selbstverwirklichung einsetzen und euch mehr mit dem Hier und Jetzt auseinandersetzen könnt. Dies bedeutet aktive Ent-schlossenheit – das Ende vom Eingeschlossen-Sein.

Der Stier und die Schlange zeigen Hartnäckigkeit, Beharrlichkeit, Ordnung und Disziplin, aber auch Beweglichkeit, Lebensfreude und Sicherheit. Im negativen Sinne schränkt sich das Ich ein und die echten Bedürfnisse und Wünsche, der innere Reichtum, werden gestaut. Dadurch gehen Lebendigkeit und Bewegung verloren. Halsstarrigkeit und Sturheit sind die Folge.

Die Bachblüten 5 (Cerato), 17 (Hornbeam) und 29 (Star of Bethlehem) deuten darauf hin, dass ihr nicht zu euch selbst steht. Ihr sucht Hilfe im Außen, gebt die Verantwortung ab, schluckt alles und verschlackt dadurch innerlich. Dies macht euch müde, und ihr fühlt euch oft erschöpft, im Sumpf. Diese Essenzen unterstützen euch dabei, aufzuwachen, aufzustehen, und euer Rückgrat, das euch Halt gibt, zu stärken.

Der Zwilling und das Pferd sind geistig und körperlich agil, flexibel und abenteuerlustig. Sie jagen neuen Zielen nach, sind wissbegierig und offen, weil sie mehr verstehen und erleben wollen. Negativ zeigen sie Geltungsstreben, Ungeduld, Nervosität und Verhangensein in Traditionen.

Die Bachblüten 6 (Cherry PIum), 18 (Impatiens) und 30 (Sweet Chestnut) machen euch auf innere Anspannungen, Ungeduld und Zerstreutheit aufmerksam. Bei diesen Blüten geht es um geistiges Wachstum, Erkennen und Loslassen. Dazu müsst ihr äußerlich ruhig werden, um euch der inneren Bewegung öffnen zu können. Ihr wollt aus dem alten Kreis, aus der Routine, ausbrechen, was nur durch eure innerliche Veränderung geschehen kann.

Der Krebs und die Ziege symbolisieren Durchhaltevermögen, Ausdauer, Zähigkeit, aber auch den Drang nach Veränderung und Entwicklung. Sie sind einfühlsam und verfolgen ihre Ziele aus ihrem Inneren heraus. Negativ: Sie kommen nicht vorwärts, weil sie aus Mangel an Selbstbewusstsein nicht zu sich selbst stehen und sich nichts zutrauen.

Die Bachblüten 7 (Chestnut Bud), 19 (Larch) und 31 (Vervain) zeigen, dass ihr zerstreut seid, euch vom Außen einwickeln lasst und eure Energien nicht bündelt. Nun ist es an der Zeit, euch mit euren Erlebnissen auseinanderzusetzen, euch eurer Stärken bewusst zu werden und zu euch zu stehen. So werdet ihr eure inneren Ziele erkennen, sie konzentriert verfolgen und erreichen. Dies lässt euer Selbstbewusstsein wachsen und hilft auf dem Weg zu eurer Selbstverwirklichung.

Der Löwe und der Affe zeigen Selbstbewusstsein, Stolz, Persönlichkeit, Kraft, Selbstliebe und Freiheitsdrang. Negativ: Sie suchen zu sehr nach Ansehen, setzen sich egoistisch in Szene und wollen sich überlegen fühlen, ihre Stärke nach außen demonstrieren.

Die Bachblüten 8 (Chicory), 20 (Mimulus) und 32 (Vine) belichten eure unsicheren Seiten, wo ihr nicht zu euch selbst steht. Ihr sucht nach Zuwendung und Anerkennung, wollt Erfolg und Macht, glaubt aber nicht wirklich an euch selbst. Alle drei Blüten unterstützen euch dabei, euch auf die innere Kraft, Stärke und eure Fähigkeiten zurückzubesinnen und dadurch innere Sicherheit, Selbstvertrauen und Tapferkeit aufzubauen.

Die Jungfrau und der Hahn stehen für Arbeitseifer, Mut, Beobachtungsgabe und Urteilskraft, Selbstsicherheit und Stolz, aber auch die Fähigkeit, ins Detail zu gehen, um Klarheit zu gewinnen. Die negative Seite ist: Suche nach Sicherheiten im Außen, Angst vor Auseinandersetzungen, Festhalten an Altem und damit Gefangensein.

Die Bachblüten 9 (Clematis), 21 (Mustard) und 33 (Walnut): Solange ihr verträumt seid und an Altem festhaltet, euch nicht mit dem Hier und Jetzt auseinandersetzt und euch nichts zutraut, seid ihr in der Tretmühle eures Lebens und in Trübsal und Seelenschmerz gefangen. Ihr müsst lernen, Situationen von höherer Warte aus zu betrachten und zu erkennen, dass ihr den schweren Rucksack der Vergangenheit ablegen und etwas verändern müsst, um befreit und erleichtert vorwärtszugehen.

Die Waage und der Hund symbolisieren Balance, Sammlung, Zentrierung, Selbstverwirklichung sowie Treue sich selbst gegenüber. Negativ: Sie verlieren sich im Detail, sind distanziert, einpolig, unausgeglichen und nur den ihnen auferlegten Pflichten treu.

Die Bachblüten 10 (Crab Apple), 22 (Oak) und 34 (Water Violet) fordern euch auf, beide Seiten neu zu betrachten, was bedeutet, euch aus dem Spiegelbild der Realität eurer inneren Welt bewusst zu werden. Kapselt euch nicht mehr von euch selbst und anderen ab, habt keine Angst, auch eure Schwächen zu zeigen, und findet durch den lebendigen Austausch von Innen und Außen zu eurem wahren Selbst zurück. Es gilt, sich zu zentrieren, zum inneren Gleichgewicht zu finden und dadurch Frieden mit sich und der Welt zu schaffen.

Der Skorpion und das Schwein: Leidenschaft, Ichbejahung, innere Fülle und Tiefe, Bewegung und damit Leben, Liebe und Glück. Negativ: Sie fallen von höchsten Höhen in tiefste Tiefen, vom Glück ins Unglück, sie nehmen Lasten auf sich, sind angespannt und hart zu sich selbst, was zu Überbelastung und Krankheit führen kann. Sie lassen den inneren Druck nicht los und den inneren Wunsch nach Leben nicht zu.

Die Bachblüten 11 (Elm), 23 (Olive) und 35 (White Chestnut) zeigen auf, dass ihr eure Energien nicht ver-ausgaben, sondern an euch selbst denken sollt und innere Ruhe finden müsst, um euch für euer Zentrum, eure „Tiefen“ und dunklen Seiten zu öffnen. Dort findet ihr eure ursprüngliche Vitalität, Lebensfreude und Leidenschaftlichkeit wieder.

Der Schütze und die Ratte: Sie symbolisieren den Glauben an sich selbst, den Willen und das Streben nach Höherem und nach Erweiterung sowie die Angriffslustigkeit. Sie wollen vorwärts, in die Ferne oder Freiheit. Negativ: Ich-Verneinung, Zweifel, Aufopferung und Verhaftetsein in Begrenzungen. Sie sind immer auf der Suche und lassen sich dadurch „versuchen“.

Die Bachblüten 12 (Gentian), 24 (Pine) und 36 (Wild Oat) machen auf eure inneren Zweifel und Unsicherheiten aufmerksam. Sie ermahnen euch, euch nicht vom Strom des wahren Lebens auszuschließen. Jetzt gilt es, euch auf euer Vorwärtskommen zu konzentrieren, euch selbst zu lieben und zu bejahen.

Damit schließt sich der symbolische „Kreis des Jahres“ – eine Entwicklungsphase, aus der sich ein neuer Lebensabschnitt ergibt.

Wie bereits erwähnt, könnt ihr eure dunklen Seiten über das Außen, das Du erfassen. So geben euch die Stern- und Tierzeichen auch eurer Freunde oder Partner Kenntnis darüber, welcher Aspekte eures allumfassenden Ichs ihr euch noch nicht bewusst seid. Ihr habt alles in euch!

Dazu passt die Geschichte meines Rückenleidens bestens. Mein letzter Freund war Skorpion. Bald nachdem er in mein Leben getreten war, begannen meine Rückenschmerzen. Im Nachhinein erkannte ich, dass ich in dieser Beziehung mich und meine Bedürfnisse zurücknahm und innerlich verhärtete, was logischerweise zu Verkrampfungen der Muskeln führte. Mein „anderes“ Denken, das ich seit den Erkenntnissen 1991 hatte, verneinte er vehement, was mich oft schweigend dasitzen ließ. Nach sieben Jahren, in denen die Schmerzen immer stärker wurden, trennten wir uns friedlich. Es war für mich ein Befreiungs-

schlag. Eine Seherin öffnete mir die Augen dafür, dass ich nun endlich aufhören musste, auf die Wünsche anderer einzugehen und ihnen die Lasten abzunehmen und mich für ein Leben voller Freuden entscheiden sollte. Sie spornte mich dazu an, das Manuskript aus der Schublade zu holen, zu vervollständigen und die Weisheiten weiterzugeben, denn die Zeit war reif. Dieser Schritt in die geistig und materiell vereinte Anschauung der Realität brachte und bringt mir Tag für Tag große Freude. Mit den vielen neuen Bekannten kann ich unsere positiven Erfahrungen austauschen. Und durch das innerlich aufgebaute Selbstvertrauen und die Sicherheit, dass sich alle Probleme lösen, habe ich auch den „richtigen" Chirurgen materialisiert, der bereit und fähig dazu war, meinen Rücken wieder „zurechtzurücken" und damit mein Rückgrat zu festigen.

Der Lebensweg im Tarot

Wie oben erwähnt, setzt sich das Tarot-Spiel aus den 22 großen und den 56 kleinen Arkanen zusammen. Arkanum kommt aus dem Lateinischen und bedeutet Geheimnis oder Geheimmittel. Die Arkanen stehen den Menschen seit Jahrhunderten als Hilfsmittel bei der Suche nach der Wahrheit zur Verfügung.

Die kleinen Arkanen wurden im Zusammenhang mit den vier Elementen bereits besprochen.

Die großen Arkanen machen euch, wie andere symbolische Bilder und Texte, euren Lebensweg bewusst, wenn sie der Reihe nach in der 8 eingezeichnet sind.

Alles führt durch die Bewegung, durch Erleben und Erfahrung in der Realität, zum selben Ziel. Dies gilt für das ganze Leben wie auch für einen einzigen Tag, denn jeder Tag ist Leben, so wie jede Nacht Tod und Schöpfungszeit ist. Und dies gilt auch für jeden einzelnen Moment, denn die geistige Veränderung ist nicht an Zeit und Ort gebunden und kann sich hier und jetzt manifestieren.

Jede Bewegung beginnt bei 0 – so wie auch bei den großen Arkanen, die mit dem „Narren" (0) beginnen.

Aus der Ganzheit (0) heraus beschreitet ihr euren Weg in die polare Welt. Ihr entwickelt euch durch die Eltern (Kaiserin und Kaiser), bis ihr den Schutz des Hauses, eures Inneren, zur Zeit der 7, des „Wagens", verlasst. Eure Reise führt euch in die Trennung von euch selbst – ihr entfernt euch in der äußeren Welt, im unteren Kreis, so weit von eurem 0-Punkt, eurem Zentrum, bis ihr an den Punkt kommt, der im Tarot vom Tod symbolisiert wird, wo ihr eure alten Einstellungen und Glaubensmuster überdenken und euch verändern wollt. Der Weg zurück geht über den Teufel, das Dunkle, Unbewusste in eurem Inneren, über den Stern und den Mond, bis ihr im oberen, geistigen Kreis eure Sonne wiederfindet und euch dadurch eurer Großartigkeit und eurer Schöpferkraft bewusst seid. Dann wisst ihr, dass ihr das Zentrum allen Seins seid!

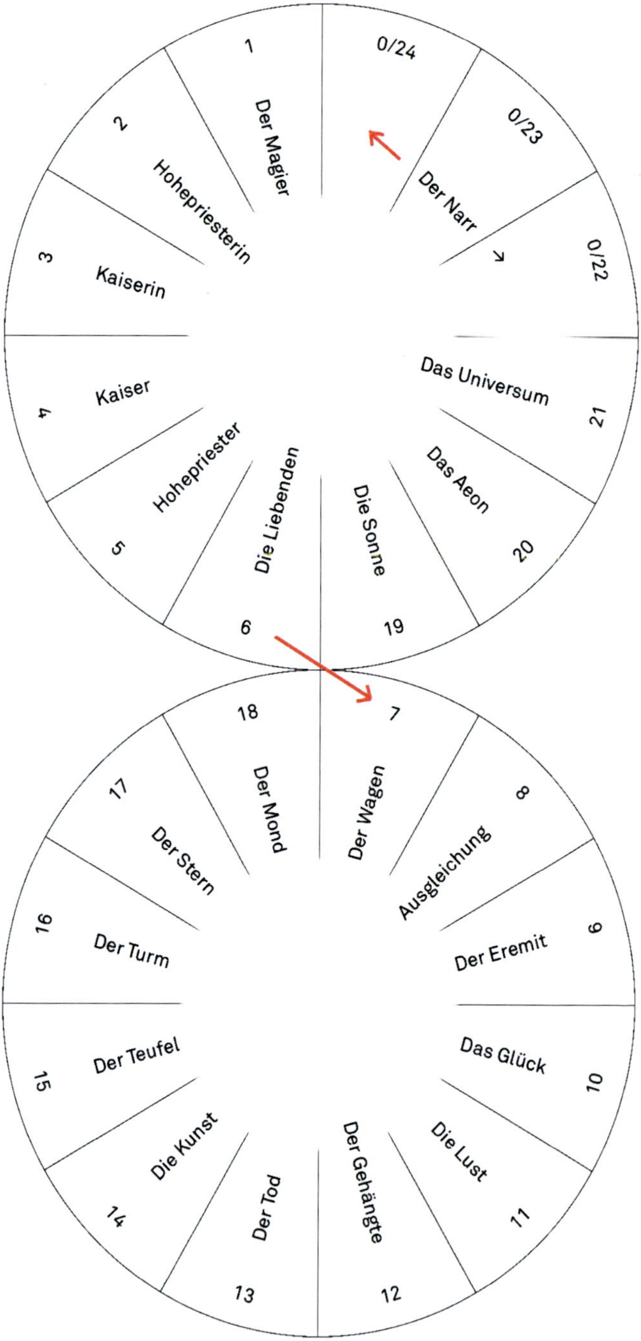
0/24
0/23
Der Narr
0/22
1
Der Magier
2
Hohepriesterin
3
Kaiserin
4
Kaiser
5
Hohepriester
6
Die Liebenden
7
Der Wagen
8
Ausgleichung
9
Der Eremit
10
Das Glück
11
Die Lust
12
Der Gehängte
13
Der Tod
14
Die Kunst
15
Der Teufel
16
Der Turm
17
Der Stern
18
Der Mond
19
Die Sonne
20
Das Aeon
21
Das Universum

Der ***Narr*** (0) steht sowohl für das Ganze, das Alles und Nichts, für den Ausgangspunkt, aus dem heraus alles beginnt, als auch für das Ziel, wo Anfang und Ende sich vereinen. Vor eurer Geburt seid ihr alles, aber ihr wisst es nicht. Aus diesem Grund habt ihr euch für den Weg der Polarität entschieden, der euch durch **Erleben** und Erfahrungen zum „Bewusst-sein" führt und euch Wissen bringt.

Der ***Magier*** (I) macht, wie ihr bei eurer Geburt, den Schritt in die Trennung, aus der Ganzheit in eine neue Bewusstseinsebene.

Die ***Hohepriesterin*** (II) symbolisiert die Spaltung in die weibliche und männliche Seite eures Selbst, Offenheit und Empfänglichkeit einerseits, Geradlinigkeit und Zielstrebigkeit andererseits. Als Baby erschafft ihr aus eurem Inneren heraus die ersten Projektionen, die sich in euren Eltern materialisieren.

Die ***Kaiserin*** (III), auch Herrscherin genannt, steht für die Mutter, die ihr als erste Projektion eures Selbst im Außen sichtbar macht. Sie symbolisiert das Weibliche, eure Fülle und eure schöpferische Kraft, Erlebnisse zu erschaffen, anhand derer ihr wachsen und euch erweitern könnt.

Der ***Kaiser*** (IV) oder Herrscher ist dem Vater, dem Macher, gleichzusetzen und entspricht dem männlichen Prinzip – Tatendrang und Vorwärtsgehen. Ihr entwickelt euch zum eigen-ständigen jungen Menschen. Auf eurem Weg in die Erweiterung der realen Welt spaltet ihr euch selbst erneut – ihr erschafft die vier Großeltern, die den vier Elementen oder Jahreszeiten entsprechen.

Der ***Hohepriester*** (V) symbolisiert die Lehrer, Berater und „Weisen". Durch deren Informationen, was richtig oder falsch ist, baut ihr die ersten Glaubensmuster auf – ihr beginnt dem Außen Macht zu geben, es für gültig zu halten. Begrenzungen und Einengungen beginnen. Eure Erfahrungen verbindet ihr mit den Gesetzmäßigkeiten der Materie und werdet euch in dieser Zeit der Bewegung und des Nacheinanders bewusst – ihr werdet für eure Taten verantwortlich.

Die ***Liebenden*** (VI) symbolisieren den Glauben, dass das Du vom Ich getrennt ist, was sowohl Kampf als auch Anziehung zur Folge hat. Ihr habt euer Wissen und Wesen in unzählige Mitmenschen zersplittert, werdet unbewusst mit den Spiegeln eures Selbst konfrontiert und beginnt, euch in der Realität behaupten zu müssen.

Der ***Wagen*** (VII) symbolisiert einen Wechsel, einen neuen Lebensabschnitt. Mit dem Eintreten in die Schule macht ihr den Schritt von innen nach außen, in den unteren Kreis der Materie, ins Außen, das euch fasziniert. Hier lernt ihr, die Aufgaben ohne Schutz der Eltern zu bewältigen.

Die ***Ausgleichung*** (VIII), oft auch Gerechtigkeit genannt, steht dafür, dass ihr euch nun im materiellen Kreis bewegt, euch im Außen entwickeln, darin vorwärtsgehen und darstellen wollt. Aus eurem Inneren heraus habt ihr kreativ so viel erschaffen – ihr werdet davon übermannt, weil ihr nur noch dem Außen Macht gebt, euren Mitmenschen gerecht werdet. Ihr seid euch eurer Großartigkeit nicht mehr bewusst und verliert die innere Balance und Zentriertheit.

Der ***Eremit*** (IX) geht seinen Weg, um sich selbst zu verwirklichen. Ihr vertieft euch in die Materie und wollt dort euer Ich, euer Licht finden. Fleißig geht ihr eurer Arbeit nach, erfüllt eure Aufgaben und konzentriert euch auf das eigene Weiterkommen.

Das ***Glück*** (X) oder das Schicksalsrad zeigt sowohl das Gefangensein in der Gewohnheit als auch die Möglichkeit eines Durchbruchs aus Begrenzungen in einen neuen Lebensabschnitt. Ihr glaubt, euch selbst gefunden, euch durch eure Erfahrungen gefestigt zu haben, aber wollt aus einem inneren Verlangen heraus mehr. Da ihr euch bereits so weit von eurem Zentrum entfernt habt, zweifelt ihr an euch, fühlt euch oft verloren und hofft daher auf das große Glück.

Die ***Lust*** (XI), auch die Kraft, symbolisiert Stärke und das Gefühl, die Welt erobern zu können. Ihr seid „erwachsen", findet Ekstase in der Erweiterung auf der materiellen Ebene und setzt eure Energie für neue Höhepunkte wie Heirat und Kinder ein. Eure wahren Bedürfnisse und Wünsche untergrabt ihr, da ihr euch dem Außen anpasst, an seine Macht glaubt und Verantwortung abgebt. Dadurch verliert ihr das Selbstvertrauen und die innere Sicherheit – ihr müsst kämpfen, euch verteidigen und baut Ängste auf, was zur Folge hat, dass ihr gestresst seid und euch überall abzusichern sucht. Ihr seid in euch selbst gespalten und von eurer wahren Mitte getrennt – verliert eure Energie und die Freude am Leben.

Der ***Gehängte*** (XII) symbolisiert die Phase, in der ihr in euren Ansichten und Einstellungen erstarrt und damit unbeweglich und versteinert seid. Oft erdrücken euch die Sorgen, der Stress, und eine Krankheit ist die Folge. Alles erscheint aussichtslos – eine Wende drängt sich auf. Euer inneres Baby fordert euch dazu auf, Altes hinter euch zu lassen und euch für eine Veränderung zu öffnen.

Der ***Tod*** (XIII), Gegenpol der 0 – des Lebens, deutet auf äußere Veränderungen hin, auf Wechsel und einen Neubeginn. Die Phase des „Todes“ symbolisiert das Loslassen und das Sich-Befreien aus beengenden Fesseln und Strukturen, um eine neue Freiheit zu erlangen und das wahre Ich zur Entfaltung zu bringen. Tod und Wiedergeburt. In dieser Zeit öffnet ihr euch für den Schritt in eure geistige, innere Welt und sagt Ja, zu euch selbst und zum bewussten Leben.

Die ***Kunst*** (XIV), auch Mäßigkeit genannt, beschreibt die Fähigkeit, Gegensätzliches zu vereinen. Ihr beginnt, euch nach dem Sinn des Lebens zu fragen, euch mit der Polarität, mit Negativem und Positivem, mit dem Du und dem Ich auseinanderzusetzen. Das Bewusstsein, dass es immer zwei Seiten gibt, öffnet euch die Tore zum Dunklen, zum Unbewussten und zu den Schattenseiten eures Selbst.

In der Phase des ***Teufels*** (XV) erfasst ihr, dass ihr nur durch euren Glauben an die Macht des Außen verteufelt wurdet, in der Materie verhaftet, in Fesseln und Verpflichtungen verstrickt wart und dies euch Frust, Leid und Ängste brachte. Nach dem „Tod“ und der „Kunst“ ist die Zeit gekommen, eure dunklen und negativen Seiten zu belichten und zu bejahen, euch des eigenen Teufels, des inneren Feuers und der Schöpferkraft bewusst zu werden, um zu eurer „Göttlichkeit“ zurückzufinden. Jetzt habt ihr den Willen, die euch einengenden Glaubens- und Verhaltensmuster zu erforschen und euch ihrer bewusst zu werden. Damit öffnet ihr die Wege für Neues, für die echte Lebensfreude, den wahren Genuss und die Ekstase.

Der ***Turm*** (XVI) steht für Wandel, Neuausrichtung. Er zeigt euch, dass ihr „Türme“ und Strukturen, in denen ihr gefangen seid, zuerst zerstören müsst, bevor sich das Neue materialisiert. Ihr seid euch jetzt bewusst, dass ihr der Macher eurer Realität seid und welche alten Glaubens- und Verhaltensmuster ihr positiv umprogrammieren müsst. Nun gilt es, Verantwortung für euch selbst zu übernehmen und die neue Sicht durch verändertes Handeln in eurer Realität zum Tragen zu bringen. Löst euch von euren Gewohnheiten und lasst Altes hinter euch! Aufgaben und Prüfungen im Leben, die ihr euch selbst erschafft, müsst ihr jetzt bestehen, damit ihr Freiheit, Harmonie und Glück erleben könnt!

Der ***Stern*** (XVII) symbolisiert Eingebungen, Intuitionen, die aus eurem Inneren „fließen“. Der Stern strahlt als eigenständiges „Wesen“ aus seinem Zentrum heraus in alle Richtungen. In dieser Zeit ergießt sich geistige Klarheit aus eurem Inneren – eure Worte lassen eure Visionen und Wünsche Gestalt und Form annehmen.

Der ***Mond*** (XVIII) zeigt euch das Auf und Ab – das Ein und das Aus. Durch die Bewusstwerdung dieser Bewegung lösen sich die Schleier der Illusion, dass innen und außen, du und ich getrennt sind, auf. Es ist der Übergang zu eurem wahren Selbst. Ihr könnt das Unsichtbare und das Sichtbare, das Unbewusste und das Bewusste zu einem Ganzen verschmelzen lassen – eure Seele ist in Harmonie.

Die ***Sonne*** (XIX) ist der Spiegel eures allumfassenden Ichs. Ihr seid euch des Sinns eures Lebensweges bewusst und wisst jetzt, dass ihr das Zentrum eurer in die Realität geworfenen Bilder – Schöpfer allen Seins – seid. Damit habt ihr das Paradies auf Erden wiedergefunden, aus dem ihr einst „geworfen" wurdet, um gewahr zu werden.

Das ***Aeon*** (XX) symbolisiert euren Weg aus der Verdichtung der Materie in die Auflösung, in den vergeistigten Zustand. Die Polarität hebt sich auf – die Materie wird „überflüssig".

Das ***Universum*** (XXI) schließlich bringt die große Befreiung – ihr habt euer Ziel erreicht! Zeit und Raum sind aufgehoben, es gibt kein Nacheinander, keine Begrenzungen, keine Endlichkeit, keine Gesetze mehr – alles ist jetzt und alles ist möglich. Ihr habt den Weg über die ER-DE durchschritten – ihr habt das „Bild" eures wahren, multidimensionalen Selbst erfasst und könnt es jederzeit erschaffen und wieder auflösen.

Und mit dem ***Narren*** (0), der die Ganzheit und das Alles symbolisiert, ist der Kreis geschlossen. Ihr seid zurück in eurem Ur-Zustand. Jetzt seid ihr alles! 0 ist der Gegenpol zu I, des Ichs in der Materie. Das Ich ist jetzt bewusst zum Ganzen geworden.

In jedem Weg ist auch der umgekehrte Weg enthalten:

Aus dem Nichts, (dem Nicht-Wissen), der 0, dem Narren, baut ihr euch das Universum mit Normen und Gesetzen, Einengungen und Begrenzungen auf (Universum). Ihr lernt, das Außen, das ausgeworfene Bild zu verstehen (Aeon) und trennt euch vom allumfassenden Selbst – von eurem Zentrum (Sonne). Ihr sucht euer Glück im Außen, wo ihr mit euren Schattenseiten (Mond) konfrontiert werdet. Eure Fantasien und Eingebungen untergrabt ihr, weil ihr glaubt, dass das Außen Gültigkeit hat (Stern). Ihr baut euch Glaubens- und Verhaltensmuster auf (Turm) und werdet dadurch von der Materie immer mehr verteufelt (Teufel). Ihr wehrt euch dagegen und versteht nicht, dass ihr selbst euer ganzes Wissen und Wesen auf das Irdische projiziert (Kunst). Das Diesseits, das Außen, wird so mächtig, dass es euch in Ängste, Einengungen und Begrenzungen führt. Ihr droht einzugehen (Tod) und werdet über Schicksalsschläge zu einer Umwandlung (Gehängter) gezwungen. Jetzt erkennt ihr, dass ihr euch auf euch selbst zurückbesinnen, von alten Strukturen ablassen und euch eurer Stärken und echten Wünsche bewusst werden müsst (Lust). Damit macht ihr den Schritt aus der Tretmühle eures Lebens und öffnet euch für das wahre Glück (Glück). Ihr werdet euch bewusst, dass ihr das Licht nur in euch selbst findet. Ihr seid allein geboren – euer Weg führt euch zurück zum All-eins-Sein (Eremit). Das Außen und das Innen lernt ihr zu einer Ganzheit zu verschmelzen – ihr findet zu eurem inneren Gleichgewicht und dringt zu eurem Zentrum vor (Ausgleichung). Jetzt wagt ihr, eure Erkenntnisse in Taten umzusetzen und Altes hinter euch zu lassen (Wagen). Ihr vereint die männlichen und weiblichen Seiten eures Selbst (Liebende), was euch geistige und irdische Erweiterung bringt. Die vielen in der Materie gespiegelten Teile verbindet ihr zu einem Ganzen und bringt sie mit euch selbst in Zusammenhang (Hohepriester). Im Außen werdet ihr eigenständig, tatkräftig und kreativ, weil ihr euch selbst vertraut und euch eurer Schöpferkraft, Einzigartigkeit und Begabung bewusst seid (Kaiser). Andererseits werdet ihr empfänglich – die Tore zwischen innen und außen öffnen sich. Eure Eingebungen und Ideen materialisieren sich. Ihr seid euch eures inneren Reichtums und eurer Schöpferkraft bewusst, und eure ganze Fülle fließt nach außen (Kaiserin). Ihr erhebt euch über die Polarität und werdet euch des geistigen Zustands, wo außen gleich innen ist, bewusst (Hohepriesterin). Nun seid ihr eins mit euch selbst und allem, was ist – ihr wisst, dass ihr alles seid (Magier). Ihr löst euch selbst und die verdichtete Materie in der 0, in Allem, auf (Narr). Ihr seid zurück im geistigen Ur-Zustand.

Vorwärts und rückwärts, gut und schlecht, innen und außen – alles ist immer dasselbe. **Alles ist immer richtig.**

Zahlen und der Lebensweg

Auch in den Zahlen könnt ihr euren Lebensweg erkennen.

Die **0** symbolisiert Ganzheit, Zentrierung, das Alles und Nichts. Sie kann das kleinste Pünktchen und auch das alles in sich fassende, unendliche Ganze sein. Die **0** ist der Ur-Grund, der Urzustand, das Unbewusste und das Ganze, aus dem heraus sich alles manifestiert.

(**0** ist in der materiellen Welt entscheidend – für einen sind € 100 viel, für einen anderen € 1.000.000 – die **0** ist entscheidend.)

Die **1** ist der Schritt aus der **0** und damit in die neue Dimension. Sie ist die Linie, die in zwei Teile trennt, die aber auch zwei Teile zu einer Ein-heit zurückführt. Die **1** trennt und ergänzt.

Sie ist, römisch geschrieben, **I** – Ich, Identität, Individuum. Jeder Mensch ist ein-malig, eine Einheit. Und doch auch Teil des Ganzen. Der Schritt in die Materie, in die Zersplitterung eures Wesens und Wissens in unendlich viele Einzelteilchen, ist der Anfang und die Trennung. Der Weg der Erkenntnis, dass alles **1** ist, bringt euch wieder zum Ganzen, der **0**, zurück.

Die **2** folgt aus der **1**, weil die **1** die Trennung macht und Polarität, Gegensätzlichkeit bewirkt.

2 ist, römisch geschrieben, **II** – zwei Ichs. Auf dem Weg in die Materie spaltet ihr das Bewusste vom Unbewussten, das Außen vom Innen, das Du vom Ich. Dadurch gibt es eine Kluft, eine Leere zwischen den zwei Einheiten. Diese findet ihr auch in der Sprache: Ein Wort kann nur dann erfasst werden, wenn zwischen den Wörtern ein Leerraum ist.

Die **3** symbolisiert die Seele, den Fluss zwischen Geist und Materie, Innen und Außen. Sie steht für Ein und Aus – für euren Atem, Odem des Lebens, und widerspiegelt sich auch im Lauf eures Bluts, eurem Lebenselixier. Die Seele macht Leben möglich. Als Fluss bringt sie die Bewegung – in der materiellen Welt das Nacheinander, die Folge, eins folgt dem anderen.

Wenn ihr die 24 Stunden eines Tages zusammenzählt, 1 + 2 + 3 + … + 24, dann ist das Ergebnis 300.

Das ist doch merk-würdig! Es symbolisiert die Dreifaltigkeit, das Ich, das Außen und das Innen, welche nur ihr selbst durch das Bewusstwerden, dass alles eins ist, zur Dreieinigkeit vereinen könnt.

Die **4** wird in den Jahreszeiten, den Elementen und den Windrichtungen gespiegelt. **4** Teile bilden ein Ganzes. **4** Teile ergeben sich aus einem senkrechten und einem waagrechten Strich – einem Kreuz. In der Astrologie symbolisiert das Kreuz die Materie.

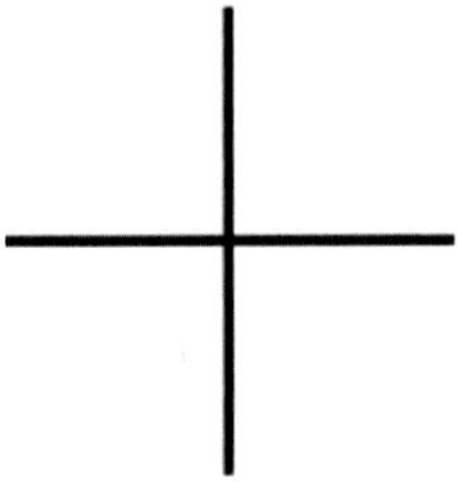

Die beiden Linien des Kreuzes, waagrecht und senkrecht, haben einen Anfang und ein Ende.

Setzt ihr an die Anfangs- und Endpunkte die Vokale **A, E, O** und **U,** dann ergibt sich daraus die Zeit, **A**nfang und **E**nde, und der Raum, **O**ben und **U**nten. Die Linien, **1** oder der Vokal **I,** trennen **O**ben und **U**nten, Gestern und Morgen. I (Ich) seid ihr selbst – ihr selbst setzt euch die Grenzen.

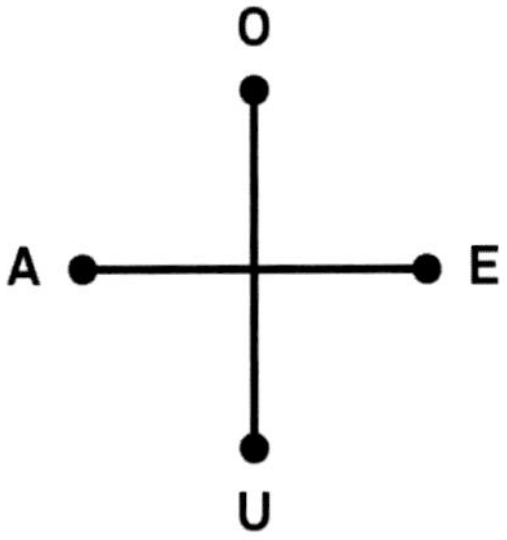

Solange ihr nur ans Irdische glaubt, baut ihr euch Schranken und Mauern auf, die euch einengen. Erweitert ihr euer Bewusstsein, dann werdet ihr fähig, die Begrenzungen zu erkennen und zu durchbrechen. Durch die Konzentration auf den zentralen Punkt des Kreuzes, auf euch selbst, werdet ihr euch dessen bewusst, dass alles mit euch in Zusammenhang steht – dass ihr alles selbst realisiert.

Die **5** steht für Übersicht und umgekehrt für das Unterbewusstsein. Ihr habt **5** Finger, der Daumen fasst die vier anderen zusammen. Das ermöglicht euch, zuzupacken und Dinge zu er-fassen, zu be-greifen. Die **5** findet ihr auch in der Pyramide, wo der zentrale Punkt oben alles zusammenfasst.

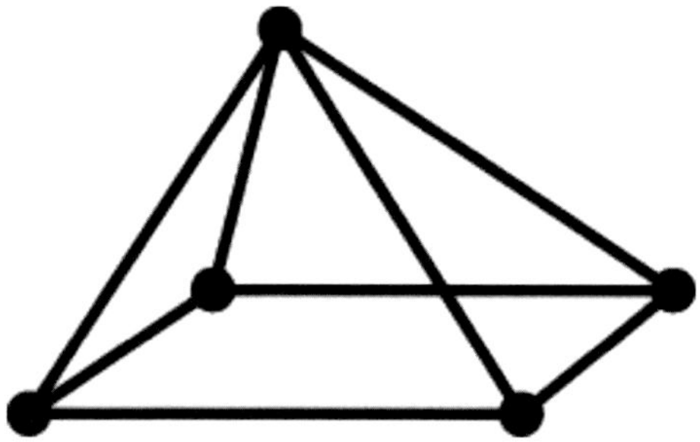

Die Pyramide symbolisiert die 3 Dimensionen und damit die erweiterte Sicht. Form und Gestalt und auch die täglichen Ereignisse lassen sich von „oben“, von erhöhter Sicht, erkennen – ihr könnt euch ein Bild machen und Bilanz ziehen. So gesehen ist die **5** ein Überbewusstsein, das euer Unterbewusstsein belichtet.

Um **6** Uhr morgens und abends verbinden sich die beiden Pole des männlichen und weiblichen Prinzips. Um diese Zeit geht bei der Tag- und Nachtgleiche die Sonne auf und unter. So steht die **6** für den Ausgleich zwischen dem Ausströmen nach außen und dem Einströmen ins Zentrum.

Wenn ihr in euch selbst gespalten seid und Du und Ich trennt, geht ihr hinaus auf die Suche nach eurer zweiten Hälfte. Denn ihr habt den tiefen Wunsch nach Verschmelzung der beiden Pole, was ihr im Sex (**6** – sechs) sucht. Ihr „ver-liebt" euch, liebt also ver-kehrt und gebt eure Eigenliebe ab. Die großen Enttäuschungen und Frust statt Lust können folgen, weil ihr euch selbst täuscht.

Die **6** symbolisiert Bewegung und damit Kraft und Energie. Werdet euch durch die **6** bewusst, in welchen Situationen, für welche Verhaltensmuster ihr eure Energie verschwendet, statt sie für euch selbst und euer Vorwärtskommen fließen zu lassen.

Die **7** galt in der Antike als „vollkommen". Ihr findet sie in den Wochentagen, in den Farben des Regenbogens, in der Tonleiter, in den Weltwundern. In der Schöpfungsgeschichte ist der **7.** Tag der Tag des Ausruhens und des Rückblicks auf das bereits Erreichte. **7** steht für einen Abschluss, eine Auflösung, gleichzeitig auch für die Vorbereitung von etwas Neuem.

Ihr seid euch auf dem Weg von **1** bis **6** bewusst geworden, dass ihr die Schöpfer eurer Realität seid. Nun gilt es, das erreichte neue Bewusstsein durch Taten im Leben einzusetzen. Das Er-reich-te versinnbildlicht den inneren Reichtum. Ihr seid unfassbar reich, wenn ihr euch eures schöpferischen Potenzials bewusst seid.

Euer Vorwärtsgehen ist nun, dem eines Kindes gleich, frei von Glaubens- und Verhaltensmustern, spontan und naiv. Naiv – nativ, gebürtig, heimisch, von Natur aus. Ihr kommt eurer wahren Natur, eurem Urzustand näher.

Die **8** fügt zwei Kreise, Geist und Materie, zusammen – wie auch die **3** und ihre Spiegelung. **8** symbolisiert die Bewegung des Erschaffens und Erfassens. Das Bewusstsein von Realisieren und Realisieren bringt den wahren Ausgleich, das Gleichgewicht, die Harmonie. Ihr erkennt, dass ihr ohne das Durchschreiten der einen Seite die andere nicht erfassen könnt. Und dass ihr nur durch die Auseinandersetzung mit der Materie und ihren Gesetzmäßigkeiten den Gegenpol, den Geist, der alles ist und für den alles möglich ist, versteht.

Das bringt euch zur **9**, der gespiegelten **6**. Sie symbolisiert Veränderung – die Bewegung in eine neue Dimension. Auf eurem Lebensweg ist dies der Schritt in die Auflösung der Materie. Ihr seid jetzt ein ganzheitliches, all-umfassendes und -wissendes Wesen, da ihr erkannt habt, dass alles eins ist.

Das „Ein und Alles“, „All-eins-Sein“ ist die **10**. Wenn ihr von einem Punkt aus eine Linie um die ganze Erde zieht, trifft sich diese Linie wieder mit dem Anfangspunkt, sie wird zu einem Kreis, einer großen **0**, wo sich Anfang und Ende verbinden. Es gibt weder Anfang noch Ende, weder Oben noch Unten, weder Raum noch Zeit – alles ist eins und I.O. (In Ordnung).

Auf eurem Lebensweg bewegt ihr euch von Tag zu Tag, von Moment zu Moment, einem kleinen Strich entsprechend, ebenso vom Ausgangspunkt zum Ursprung zurück. Das Ich **(1)**, welches sich anfänglich vom Ganzen getrennt hat, schreitet im materiellen Pol Stück für Stück „vorwärts“, wo es lernt, Erfahrungen macht und sich über Worte austauscht. Schließlich weiß es, dass seine subjektiv betrachtete Realität und seine Trennung vom Ganzen eine Täuschung war. Und somit verbindet es sich wieder mit dem Ganzen, der **0** – das Ich ist alles!

Ursprung und zurück zum Ursprung

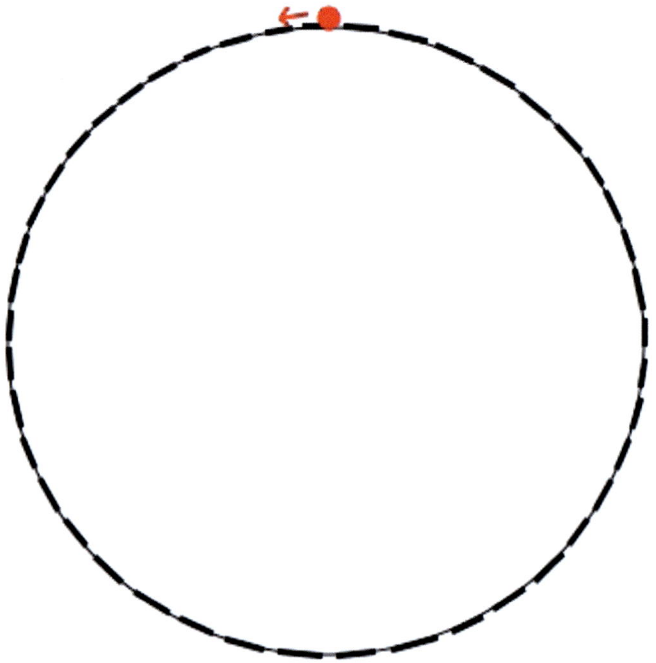

A = 0 (Null)

Alles macht Sinn – so auch die Buchstaben und die Zahlen, die symbolische Zeichen sind und euch etwas zeigen wollen. Ihr selbst realisiert alles, was ist, um zu realisieren, was ihr verändern könnt, um glücklich und frei zu leben. Worte, mit denen ihr die im Außen gespiegelten Bilder benennt, die Namen eurer nächsten Menschen, Freunde und die Zahlen, die auch Worte sind, begleiten euch täglich. Jeder Mensch, ja auch euer Haustier, hat einen Namen, mit dem ihr ihn/es ansprecht. Alle haben auch eine Pass-, eine Identitätsnummer. Autos, euer Wohnort, euer Haus, euer Geburtsdatum und euer Alter werden durch Zahlen gekennzeichnet und zum Ausdruck gebracht.

Die nachfolgenden Deutungen der Buchstaben und Zahlen geben euch im täglichen Leben Hinweise, warum ihr eure innere Welt im Außen, im Du, materialisiert, warum ihr in dieser Stadt wohnt, an jenen Ort reist oder euch für einen gewissen Autotyp entschieden habt. Ihr habt diese Zeichen erschaffen, um daraus euch selbst zu erfassen.

Zuerst findet ihr eine Erklärung, warum auch die Buchstaben und die Zahlen in einer 8 dargestellt sind.

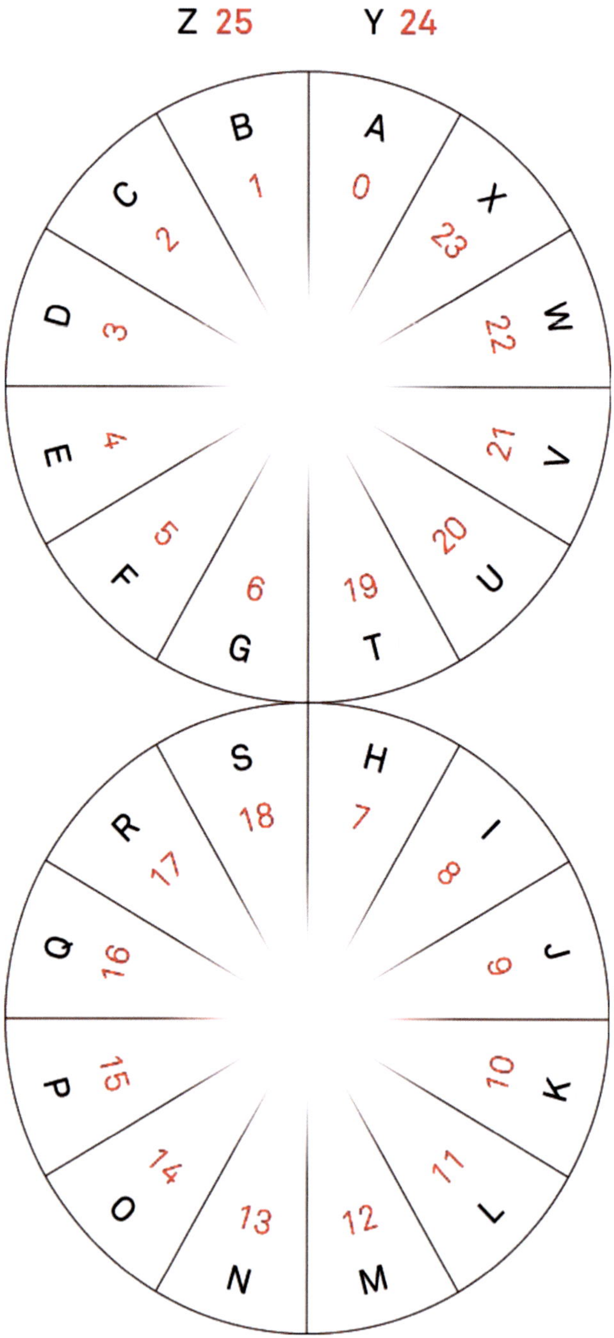
Z 25
Y 24
A 0
B 1
C 2
D 3
E 4
F 5
G 6
H 7
I 8
J 9
K 10
L 11
M 12
N 13
O 14
P 15
Q 16
R 17
S 18
T 19
U 20
V 21
W 22
X 23

Wie ihr seht, decken sich die 26 Buchstaben des Alphabets mit dem Kreislauf eines Tages. **A** ist gleich **0, B** gleich **1**, **C** gleich **2** usw. In jedem Kreislauf fließen Anfang und Ende, resp. Ende und Anfang, ineinander über. Dies zeigt sich in der Darstellung, wo sich obiges **Y/24** mit **A/0** und **Z/25** mit **B/1** decken.

A und **0** beinhalten alles. Zum Beispiel ist das noch ungeborene Baby bereits vor der Geburt ein eigenständiges, vollkommenes, aber noch nicht sichtbares Wesen. Diese Vollkommenheit, Ganzheit, wird durch **A**, **0**, symbolisiert. Mit der Geburt materialisiert sich das Baby beim obersten Punkt der 8, wo **B** beginnt, und durchläuft dann sein 1. Lebensjahr bis zu seinem 1. Geburtstag, wo **C** und sein 2. Lebensjahr beginnen, usw. Für die Mutter ist mit der Geburt ihr eigener Kreislauf noch nicht abgeschlossen. Bis Ende der Phase **Z** ist ihr Kind noch vollständig von ihr abhängig.

Betrachtet ihr den Kreislauf in Bezug auf euer eigenes Leben, dann bedeutet das **Y** (Phase 24) das Erkennen der momentan stagnierenden Lebenssituation und das darauf folgende Erfassen, was ihr verändern wollt. Wieder ist der oberste Punkt des Kreises der Moment, wo ihr euch sicher seid und z. B. eine Kündigung aussprecht oder schreibt und damit eine neue Phase in eurem Leben beginnt. Mit euren Gedanken und zum Teil auch Taten seid ihr in der Zeit **B** bereits im neuen Kreislauf, müsst jedoch gleichzeitig in der 25-, **Z**-Phase, Altes beenden, etwa eine Kündigungsfrist durchlaufen. Erst danach seid ihr gefestigt und für neue Herausforderungen, Abenteuer und den neuen Kreislauf frei.

In diesem Kapitel kommt ihr wieder auf die Frage zurück: WARUM?

Habt ihr euch schon mal gefragt, warum ein Freund, eine Freundin, so heißt, wie er/sie heißt? Habt ihr euch schon einmal Gedanken gemacht, warum ihr einen Baum „Baum“ nennt und nicht anders? Ihr selbst habt dieses Wort und das Bild des Baumes erschaffen. Alles, was ist, hat und macht Sinn – wollt ihr bewusst werden, findet ihr ihn.

Jeder ist das Zentrum – die Sonne, um die sich alles dreht. Ihr als Sonne belichtet das, was ihr als Autor geistig erschaffen habt. Jetzt ist die Zeit, die dunklen, unbewussten Seiten eures Ichs zu belichten! Fragt euch immer: Warum? Die Antworten sind in euch selbst und ein Echo eures ursprünglichen, ganzheitlichen Wesens und Wissens.

Nomen est Omen – der Name, die Benennung, ist Wahrzeichen, Vorzeichen.

Im Folgenden findet ihr die Deutung der Buchstaben und Zahlen dieser 8. Wie ihr bereits erkannt habt, ist in der **0**, dem Ursprung, alles beinhaltet. So ist auch im Anfangsbuchstaben von Worten, insbesondere von Namen, die für euch wichtige Information zur Belichtung eurer unbewussten Seiten. Für diejenigen, die sich nicht interessieren, warum dies oder jenes passiert, bleibt die **0** ein kleines Pünktchen, ein Nichts. Habt ihr jedoch erkannt, dass es wertvoll ist, euch eures Inneren und eurer unbewussten dunklen Seiten bewusst zu werden, dann ändert sich die **0** Schritt für Schritt zum all-umfassenden Wissen und All-eins-Sein.

Alles, was sich jetzt auf eurer Bühne abspielt, wurde von euch selbst realisiert, in die Materie hinausgeworfen, und ist ein Geschenk eures inneren Ichs. Eure Mitspieler, die Dus, helfen euch dabei, euch eurer inneren Seite und eurer Ganzheit bewusst zu werden. Sie alle habt ihr selbst in Szene gesetzt, um zu wachsen, eure Ansichten und euer Handeln zu verändern und dadurch vorwärts, zurück zum Ursprung, zu gelangen.

Nehmt z.B. die Worte König, Kaiser oder Löwe – sie alle wollen euch Erhabenheit und Größe widerspiegeln, die Aspekte eures Selbst sind. Oder Deutschland, das auf Deuten aufmerksam macht. Und das Wort Australien, das mit eurer Ausstrahlungskraft in Verbindung steht.

Setzt euch nun gemütlich hin und schlagt diejenigen Seiten mit den Anfangsbuchstaben eurer Gegenüber auf, die euch am nächsten sind, die euch im Hier und Jetzt begegnen. Derjenige Buchstabe ist richtig, mit dem ihr jemanden ansprecht. Findet Antworten, wenn ihr jemanden trefft oder an einen Ort reist, der einen Eindruck hinterlässt oder euch merk-würdig (erinnert euch: würdig, es sich zu merken) erscheint. Seid einfach offen, lasst das Gelesene wirken, **belichtet euch selbst,**

werdet euch bewusst und **handelt** danach anders. Dadurch bewirkt ihr Bewegung und Veränderung!

Ich erinnere mich an einige Aha-Erlebnisse in Bezug auf Namen und Anfangsbuchstaben. Ich zog vom Land in die Stadt, wo ich fast niemanden kannte. Unter meinen ersten Bekannten war eine Maria. Kurz darauf war ich umgeben von Freundinnen, deren Namen alle mit einem M begannen. Erst als ich von einer Magda wie eine Magd herumdirigiert wurde, fiel mir auf, dass ich mich unterwürfig benahm. Der Text zu M gab mir die Kraft, „ich Mann, ich kann" in mein Denken einzubauen, mich zu stärken und dem Außen weniger Macht abzugeben. Gleichzeitig traf ich auf eine Eliane. Ihr Name gab mir zu erkennen, dass ich mich aus alten Glaubensmustern („ex Liane" – eine Pflanze, die an anderen Pflanzen oder senkrechten Strukturen emporwächst, da sie sich nicht selbst tragen kann) befreien musste und neu auf meine eigene Kraft vertrauen konnte.

Einige Zeit später kam ein Du mit dem Anfangsbuchstaben L in mein Leben. Die Geschichten aus ihrem Leben als „Lausemädchen" und ihr Lachen machten mir bewusst, dass jetzt die Zeit reif war, das Leben leichter zu nehmen und endlich wieder zu lachen, auch über mich selbst.

Viele Namen, Menschen, haben meinen Weg begleitet. Mit jeder Veränderung entfernten sich einige und andere füllten die Lücken. Im Moment sind es F, die mir nahe sind – frisch, frei, fröhlich …

Die Vergangenheit war ausreichend kompliziert – nun soll euer Weg ins geistige Wachstum „einfach", leicht sein und euch Spaß machen. Staunt und lächelt über euch selbst, wenn ihr auf dieser neuen Reise in euer Inneres Aspekte und Einstellungen aufdeckt, derer ihr euch bisher nicht bewusst wart. Erkennt, über was ihr euch aufregt – was euch neu anregen soll! Erfasst, warum ihr euch nicht genug respektiert, eure Energien falsch eingesetzt, nicht wirklich gelebt und euch nicht richtig geliebt habt! Werdet achtsam – ihr seid der Schöpfer, der Macher all dessen, was ist, und tragt deshalb die volle Verantwortung! **Jeder von euch ist das Zentrum allen Seins und das Wertvollste, das existiert!**

Viel Vergnügen!

Kurzfassung

A/0 ist **Ausgangspunkt** und **Anfang** von Ver-**Aenderung**

B/1 ist die **Befreiung** aus Begrenzungen und eure **Bereitschaft**, euch zu b**ewegen**

C/2 ist „**checken**“, was nicht mehr stimmt und dafür **Chancen** erkennen und ergreifen

D/3 ist der **Durchbruch** aus alten Denk-, Glaubens- und Verhaltensmustern

E/4 ist, die eigene **Energie** für ein Ende und für Erneuerung einzusetzen

F/5 ist, sich **frisch**, **frei** und **fröhlich** zu fühlen und Freiheit und Freude zu erleben

G/6 ist, mit Gedanken **Glück** zu gestalten

H/7 ist **handeln**, anstatt zu hoffen

I/8 ist, auf das **Innere** zu hören und zum eigenen **Ich** zu stehen

J/9 ist, **„Ja“** sagen zu lernen, zu sich selbst und zu allem, was ist

K/10 ist, die **Klarheit** und **Kraft** für **„ich kann“** zu fördern

L/11 ist, die **Liebe** und **Lust** zu **leben**

M/12 ist zu realisieren, dass jeder **mental** der **Macher** der **materiellen** Welt ist

N/13 ist zu erkennen, dass jeder **Nullpunkt** einen **Neuanfang** in sich trägt

O/14 ist, sich aus der Ohnmacht zu befreien und **offen** und **optimistisch** zu sein

P/15 ist, das eigene **Potenzial** zu erkennen und **positiv** zu sein

Q/16 ist, sich nicht zu quälen, sondern die innere **Quelle der Freude** zum Sprudeln zu bringen

R/17 ist **Realisieren** und **Realisieren, Respekt** sich selbst gegenüber, Erkennen und Schätzen des eigenen **Reichtums**

S/18 ist, die innere **Stärke** und **Sicherheit** aufzubauen, anstatt sich weiterhin an äußeren Sicherheiten festzuklammern

T/19 ist, sich **treu** zu sein, sich zu ge**trauen** und etwas zu **tun**

U/20 ist, mit „**Überblick**" und **Umdenken** die **Umwandlung** zu realisieren

V/21 ist, **Verantwortung** zu übernehmen, sich zu **vertrauen** und offen für ein **vielfältiges** Leben zu sein

W/22 ist, den eigenen **Wert** zu erkennen und zu **wissen**, was man wirklich **will**

X/23 ist, sich zu konzentrieren, alles auf einen Punkt zu bringen

Y/24 ist, klare Erkenntnisse und Zusammenhänge auf den Boden zu bringen

Z/25 ist, einen **Zyklus** zu Ende zu bringen und sich neue **Ziele** zu setzen

A/0

ANNA, ANITA, ALICIA, ANDRE(AS), ALEXANDER, ARNOLD, ARTHUR …
AMERIKA, ANDORRA, AFRIKA, AEGYPTEN, ARGENTINIEN, AMSTERDAM …
AUGEN, ARME, ACHILLESSEHNE

A und 0 stehen für Ausgangspunkt und Anfang von Ver-Aenderung.

Es gibt vielleicht noch keine offensichtlichen Anhaltspunkte, doch innerlich seid ihr für neue Lebenserfahrungen bereit. Wie ein Baby im Bauch der Mutter bereits vollkommen und noch nicht irdisch sichtbar ist, deuten Situationen mit **A** oder die Konzentration auf **0** immer darauf hin, dass sich etwas Neues entwickelt.

A und **0** stehen in Verbindung mit der positiven **Aggression** und dem inneren **Ansporn** für Vorwärts und Erweiterung. Altes muss sich auflösen, weil euer inneres Baby einen anderen Weg einschlagen will.

In negativen **A**- und **0**-Phasen werdet ihr mit euren Ängsten konfrontiert. Das Wort „A-engste" hat mit eng zu tun, einem Engpass oder dem Nullpunkt, aus dem heraus ihr aufbrechen wollt. **Ändert** euer Denken und befreit euch von der Annahme, dass der andere etwas von euch will und dass ihr euch anderen anpassen müsst. Achtet also auf die **A**s und die **0**s, denn sie deuten immer auf einen **Ausgang** und einen **Anfang** hin. Werdet ihr von äußeren Umständen in die Enge getrieben oder aus der Fassung gebracht, reagiert ihr **aggressiv**. Ihr akzeptiert lieber ein „armseliges" Dasein, anstatt aktiv etwas zu verändern. Dadurch lauft ihr Gefahr, einen neuen Lebensabschnitt mit alten Glaubens- und Verhaltensmustern und sich wiederholenden Situationen absolvieren zu müssen. Setzt euch ins Zentrum und **akzeptiert** euch selbst und alles, was ihr aus eurem Inneren selbst erschafft.

In positiven **A**- und **0**-Phasen habt ihr erfasst, dass ihr selbst der **Auslöser**, der **Autor** eurer subjektiv wahrgenommenen Realität seid. Ihr **akzeptiert** und **anerkennt** euch selbst und könnt deshalb auch das Außen annehmen, so wie es auf euch zukommt. Anstatt angegriffen zu werden, greift ihr **aktiv** neue Herausforderungen an. Ihr könnt alte Beziehungen oder Verstrickungen auflösen und für die Zukunft neue, auf euch selbst abgestimmte Vereinbarungen abschließen. Ihr seid geistig beweglich und offen, euer Denken und euch selbst immer wieder zu ver-ändern, um alles Mögliche zu erleben. Eure **Aufgeschlossenheit** und **Ausstrahlung** bringt euch mit Menschen zusammen, die euch animieren und auf neue Wege aufmerksam machen oder umgekehrt – ihr animiert sie, etwas in ihrem Leben zu verändern. Ein **neuer Abschnitt** beginnt, und er führt immer **aufwärts**!

B/1

BARBARA, BEATRICE, BRIGITTE, BRUNO, BERNHARD …
BELGIEN, BOSNIEN, BAHAMAS, BARCELONA, BERLIN, BUDAPEST …
BEINE, BRUST, BUSEN, BLASE, BLINDDARM, BAUCH

Situationen mit B oder 1 deuten auf Befreiung aus Begrenzungen und auf eure Bereitschaft, euch zu bewegen, hin.

Sowohl das **B** wie die **1** symbolisieren Harmonie und Gleichgewicht.

Die **1** ist numerisch der Anfang, der reale Beginn nach dem Nichts. Das Baby ist im ersten Lebensjahr und erreicht mit seinem 1. Geburtstag die Fähigkeit, sich aufrecht und selbstständig bewegen zu können.

In negativen **B**- und **1**-Zeiten bewegt ihr euch an einem Ort, im Kreis, und bleibt dadurch in eurer Entwicklung stehen. Ihr getraut euch nicht, auszu-brechen und werdet geistig (und zum Teil auch körperlich) immer zerbrechlicher. Ihr **befürchtet** das Schlimmste, weil ihr euch auf das Negative in der Vergangenheit konzentriert. Dadurch seid ihr blind und taub für das Positive, das ihr euch täglich materialisiert. Auch lasst ihr euch durch **Bedingungen** binden und untergrabt dabei eure **Bedürfnisse.** Dies führt immer wieder dazu, dass ihr eure Balance und den Boden unter den Füßen verliert. Ihr begrenzt euer Sein durch innerlich aufgebaute **Blockaden**, die euch im täglichen Leben überall und ständig begegnen. Weil ihr euch unbewusst klein macht, glaubt ihr, euch für vieles entschuldigen und für alles bitte sagen zu müssen. Dies hat jetzt ein Ende, es ist Zeit, ab-, aus- und auf-zu-**brechen**!

Im Positiven stehen **B** und **1** für eure Ausgeglichenheit. Ihr bejaht die innere **Bewegung** und seid **bereit** für einen Neu-**Beginn**. Jetzt ist die Zeit gekommen, für eure Ideen und Pläne (eure „Babys", die sich entpuppen wollen) den richtigen Grund und **Boden** zu **bauen**.

Ihr könnt jederzeit bewusst Bilanz über euer Leben ziehen, das dahinterliegende Denken beleuchten und notfalls bereinigen. Dadurch **befreit** ihr euch Schritt für Schritt aus den euch selbst auferlegten Begrenzungen. Ihr blickt zurück und **beendet**, was euer Vorwärtsgehen behindert, und seid gleichzeitig dazu bereit, in neue Lebensbereiche aufzubrechen, die eure Erfahrungen **bereichern**. Ihr begreift, welche eure wahren **Bedürfnisse** sind. Um diese in der Realität zu befriedigen, **baut** ihr euch innerlich neue Beziehungen auf. Dann könnt ihr euch, wie ein kleines Kind, wieder **begeistern!**

C/2

CHRISTINA, CHARLOTTE, CLAUDIA, CHRISTOPH …
CHILE, CUBA, CHINA, CANNES, CASABLANCA, CHICAGO …
CHOLESTERIN, CHRONISCHE LEIDEN

C und 2 stehen symbolisch für das „Checken", was nicht mehr stimmt, und dafür, Chancen zu erkennen und zu ergreifen.

Im zweiten Lebensjahr, als Kleinkind, beginnt ihr zu unterscheiden. Ihr teilt euch, wie bei der Zellteilung, in Mutter und Vater auf, in die weibliche und die männliche Seite eures Selbst. Und damit beginnt für euch die polare Welt mit den zwei Seiten – **0** ist jetzt nur noch ein halber Kreis.

In negativen **C**- oder **2**-Situationen seid ihr chronisch (dauernd) hin- und hergerissen und könnt keine klaren Entscheidungen treffen. Innerlich werdet ihr cholerisch und aufbrausend, was euch vom Außen gespiegelt wird. Ein **Chaot** hat keine Ordnung, will alles gewaltsam durchsetzen und ist unbeherrscht. Ihr **checkt nicht**, dass ihr selbst gegen Barrieren lauft und euch innerlich gegen das wehrt, was für euch und euer Vorwärtskommen nicht mehr stimmt. Stattdessen trauert ihr um vermeintlich verpasste Chancen. Es fehlt euch an **Charakter**, an Persönlichkeit, um euer Leben selbst in die Hand zu nehmen.

Im Positiven seid ihr euch in **C**- und **2**-Phasen dessen bewusst, dass ihr selbst immer der **Chef**, der Hauptdarsteller in eurem Cabaret seid. Ihr checkt, was ihr selbst verändern müsst, um eine bessere Realität zu realisieren. Ihr seid wie eine Sichel offen für Eingebungen, die euch Klarheit und Lösungen bringen, euch aus dem „Chaos", nicht zu wissen, wie weiter, zu befreien und vorwärts zu gehen. Ihr seid charakterlich stark – ihr wisst, was ihr wollt, und handelt entsprechend. Ihr erkennt die für euch positive, vorwärtsbringende Richtung und ergreift die **Chancen** für eure Entwicklung. Jetzt seid ihr **charmant** (liebenswürdig) zu euch und zu anderen und materialisiert dadurch offene und liebe Spiegel, mit denen ihr Champagner trinken, sprudelnde Gespräche führen und Feste feiern könnt. In eurem Leben gibt es noch undenkbare Möglichkeiten, euer wahres Ich zu entfalten.

D/3

DANIEL(A), DIANA, DAGMAR, DAVID, DIETER, DONALD …
DÄNEMARK, DAMASKUS, DORTMUND, DALLAS, DÜSSELDORF …
DARM

D und 3 sind Zeichen für einen Durchbruch aus alten Denk-, Glaubens- und Verhaltensmustern.

Im dritten Jahr eines Kindes kommt die Konfrontation mit Geschwistern, mit mehr oder weniger Gleichaltrigen. Für sie, wie jetzt für euch, beginnt der Lernprozess des Sich-Durchsetzens. Der Morgen beginnt mit der Dämmerung, die aus dem Dunkel ins Licht führt – eine Zeit, die im Denken einen Durchblick auslöst.

Negative **D**- oder **3**-Phasen rütteln euch wach. Sehr oft sind es eure Spiegelbilder, das Du, die euch einengen, ärgern, und ihr glaubt, euch vor ihnen ducken zu müssen. Die Diskussionen mit ihnen sind disharmonisch, und ihr versucht, euch **dagegen** zu wehren, könnt euch aber meistens nicht durchsetzen. Ihr fühlt euch dumm und minderwertig. Ihr erkennt nicht, dass alles, was ist, mit euch selbst zu tun hat – Spiegel eures Inneren ist – und dass ihr selbst dem **Du** die Macht über euch abgebt. Ihr seid gespalten und seht nicht, dass ihr bis jetzt aus **Disziplin,** aus vorgeschriebenen Verhaltensregeln, andere Seiten eures Ichs nicht gelebt habt. Ihr schiebt das Du von euch weg, statt durch diesen Spiegel eure dunklen und unbewussten Seiten aufzudecken. Doch irgendwann donnert es! Euer inneres Feuer weckt euch aus dem **Dauerschlaf**, aus der **Depression** auf, und es dämmert euch, dass ihr jetzt die alten, eingefahrenen Denk-, Glaubens- und Verhaltensstrukturen, die euch hemmen, **durchbrechen** müsst. Lasst euch nicht mehr durch euer Ver-halten von anderen unter-drücken!

Positive **D**- und **3**-Phasen symbolisieren die innere **Dreieinigkeit**, die Harmonie von Geist, Seele und Materie. Ihr seid jetzt dazu fähig, Situationen von höherer Warte aus zu betrachten, sie zu deuten und euer Denken und Handeln zu verändern. Ihr erkennt neue, unbewusste Aspekte eures Ichs, die vom Du gespiegelt werden, und integriert sie in euer Sein und Leben. So geht ihr nicht mehr distanziert, sondern offen auf das Du zu, weil ihr wisst: **Das Du ist die Dunkelheit, die nötig ist, um mein Ich zu belichten**. Dadurch könnt ihr in jeder Begegnung und jeder Situation den dahinterliegenden Sinn realisieren.

Jetzt wisst ihr auch, dass euer **Denken** über die Worte als Realität zum **Aus-Druck** kommt. So seid ihr nach außen hin direkt und klar und kommuniziert, was für euch wichtig ist und sich zu Materie verdichten soll.

Ihr getraut euch jetzt, „Dämme" zu **durchbrechen**, euer Inneres fließen zu lassen und euch auf ein **deftiges** Leben zu freuen!

E/4

ELIANE, ELISABETH, EMIL(IA), EDUARD, ERNST ...
EUROPA, ENGLAND, ELFENBEINKÜSTE, EQUADOR, EDINBURGH ...
ELLBOGEN

E- und 4-Situationen fordern euch dazu auf, die eigene Energie für ein Ende und für Erneuerung einzusetzen.

Generell ist es eine Zeit der Veränderung (Vera-ende-rung), der **Erkenntnis** und der **Entwicklung**.

Jetzt gilt es, nach außen zu gehen, so wie das 4-jährige Kind im Garten **eigenständig** spielen darf.

In negativen **E**- und **4**-Situationen werdet ihr mit Energien konfrontiert, die gegen euch wirken, da ihr diese Urkraft dafür einsetzt, Altes zu bewahren, anstatt sie für neue Erfahrungen einzusetzen. Es ist eine Zeit der **Enge**, der Ängste und der **Engstirnigkeit**, die sich nur dann auflösen können, wenn ihr eure **Einstellung** euch selbst und dem Leben gegenüber verändert. Jetzt müsst ihr euch endlich **entscheiden**, um eurer Existenz gerecht zu werden. Nehmt euch nun den eigenen Raum und steht zu eurem Ich! Wie bei den Pflanzen im **4**. Monat, dem April, will sich eure innere Kraft nach außen entfalten. Lasst euch nicht mehr von Egoisten unterdrücken, sondern erkennt, dass ihr selbst die „Ego-ist-Qualität" (ich bin wichtig) leben müsst. Wehrt euch nicht mehr dagegen, etwas zu beenden, sondern unternehmt etwas, egal was!

Die positiven **E**- und **4**-Phasen bringen euch den lang ersehnten **Erfolg**, gute Ergebnisse und die **Ernte** eurer Bemühungen! Ihr habt euch aus Abhängigkeiten gelöst und erfasst, dass ihr als Individuum geboren wurdet, **einzigartig** seid und deshalb **eigenständig** und **eigenwillig** für euch selbst **Entscheidungen** treffen könnt. Ihr erlebt Situationen mit vollem **Enthusiasmus** und seht das **Essenzielle**. Ihr seid entfesselt und offen für alles, was auf euch zukommt, weil ihr jetzt wisst, dass ihr es selbst materialisiert, um dadurch zu wachsen. Mit dieser **Einsicht** und neuen Einstellung zapft ihr eure innere **Energie** an, die enorm (außerhalb der Norm) ist, und mit der ihr Extremes leisten, Neues **erschaffen** könnt.

F/5

FRANCINE, FRANZ(ISKA), FRED, FRITZ …
FRANKREICH, FRIESLAND, FLORENZ, FRANKFURT…
FÜSSE, FUSSGELENK, FINGER

Frisch – frei – fröhlich! Freiheit und Freude sind das höchste Ziel. F und 5 bringen euch damit in Verbindung. Um Freiheit und Freude zu erleben, müsst ihr flexibel sein.

Im Negativen stehen **F** und **5** für ein Gefangensein im Alltag, in finanziellen oder sonstigen fixen Abhängigkeiten. Ihr könnt nicht frei entscheiden, fühlt euch „fix und fertig“ – ihr seid traurig und findet nichts, was euch Freude macht. Das Leben ist **frustrierend**.

Ihr seht die Fehler der anderen, ohne euch zu fragen, wo ihr selbst etwas falsch macht. Nun aber ist es Zeit, eure **festgefahrenen** Verhaltensweisen aufzugeben. Ihr müsst erkennen, welche geistigen und materiellen **Fesseln** ihr euch auferlegt habt, indem ihr „falschen“ Führern folgt, die eure Bewegung behindern und euch frigide machen. Erkennt die **feindselige** Haltung euch selbst und anderen gegenüber und wandelt sie in eine **friedvolle** um! Lernt, eure Wünsche und Bedürfnisse zu er-**fassen** und neue Pläne zu fassen. Jetzt gilt es, einen neuen „Fundus“ (Boden und Grundlage) für die Zukunft zu schaffen. Vertraut auf euren inneren Führer und fahndet danach, wie ihr **Freiheit, Friede und Freude** erreichen könnt, und findet sie.

In positiven **F**- und **5**-Phasen habt ihr euren inneren **Frieden** gefunden. Ihr akzeptiert das, was euch in der Realität widerfährt, was ihr selbst realisiert habt, und seid bereit, das Beste daraus zu machen. Die gewonnene **Freiheit** und die **Freude** am Leben lassen euch jeden Tag wie einen **Ferientag** erleben. Ihr habt euch vom Druck befreit und fühlt euch **frisch** und **fröhlich**. Mit dieser Einstellung könnt ihr auch in furchtbaren Situationen jederzeit das **Fruchtbare** erkennen, das immer da ist, wenn ihr es seht. Ihr konzentriert euch darauf, nur noch Positives in Worte zu fassen, weil ihr euch der Folgen in der Realität bewusst seid. Nun lasst ihr „es“ **fließen** und fühlt, wie so eure innere **Fülle** zum Ausdruck kommt. Mit klaren Gedanken könnt ihr sogar Un-fassbares in **Fluss** bringen und fassbar machen!

G/6

GABRIELA, GERDA, GEORG, GAUDENZ …
GRIECHENLAND, GIBRALTAR, GRÖNLAND, GENF …
GELENKE

Mit Gedanken Glück gestalten ist der Lernprozess von G und 6. Denn ihr selbst seid eures Glückes Schmied!

In negativen **G**- und **6**-Phasen sucht ihr das Glück nur im Außen und vielfach im Du als Geliebter/Geliebtem. Diese Art von Glück kann nicht lange halten, da ihr euch an Menschen und Situationen klammert. Ihr konzentriert euch nur auf einen Bruchteil des Ganzen und geht damit in bereits vorgegebene **Gefängnisse**. Ihr glaubt nicht an eure Großartigkeit und gebt immer mehr, um hoffentlich geliebt zu werden. Ihr erschafft euch **Götter**, werdet dadurch oft gedemütigt und vergesst im Grunde genommen euer wahres Ich. Weil ihr in **Gewohnheiten** verharrt, fügt ihr euch gewaltsam **Grausamkeit** anstatt Genuss zu. Darunter kann die Gesundheit leiden. Geistig und körperlich gelangt ihr immer wieder an **Grenzen** und müsst oftmals, statt vorwärts-, gezwungenerweise zurückgehen oder gegebenenfalls aufgeben.

Positiv bringen euch **G** und die **6** gute **Gelegenheiten**, aus allen Situationen für euch selbst und euer Wachstum **Gewinn** zu ziehen. Anstatt wie früher Gemeinheiten über euch ergehen zu lassen, gibt es jetzt Möglichkeiten für eine **Gemeinsamkeit** und **Gleichgesinntheit**. Im Guten bedeutet dies, dass eure **genialen** Seiten aufgedeckt und eure Grenzen aufgelöst werden. Ihr könnt euch wieder für eine Sache oder für einen Menschen begeistern, ohne euch selbst aufzugeben. Jetzt wisst ihr, dass ihr **gut** seid! Ihr erkennt die größeren Zusammenhänge und realisiert, warum dieses oder jenes passiert. So seid ihr euch selbst und auch anderen Menschen gegenüber generell **großzügig**.

6 – Sex will Neues schaffen, einem neuen Lebewesen Form geben. Wenn ihr euch dessen bewusst seid, dass ihr selbst der **Gestalter** eurer Realität seid, werdet ihr noch nicht Dagewesenes realisieren. Ihr könnt gewiss sein, dass eure **großartigen** Fähigkeiten ganz tief in euch wirken und euch immer **Glück** und **gute Gesundheit** bringen.

H/7

HELGA, HORTENSE, HEIDI, HANS, HUGO, HERBERT ...
HOLLAND, HELGOLAND, HELSINKI, HAMBURG ...
HERZ, HIRN, HAARE, HAND, HANDGELENK, HÜFTE

Mit H und 7 müsst ihr erkennen, dass ihr handeln anstatt hoffen sollt.

Hopfen und Malz sind verloren. Dies ist die Einstellung in negativen **H**- und **7**-Situationen. Aus dieser Verzweiflung heraus entsteht aus Liebe Hass, sowohl auf das Außen als auch, was noch viel schlimmer ist, auf sich selbst. Ihr fühlt euch **handlungsunfähig** und **hängt** in einem trostlosen Zustand herum. Weil ihr geistig verhärtet seid, werdet ihr mit knallharten Spiegeln konfrontiert, die euch hemmungs- und **herzlos** begegnen. Ihr seid darauf gepolt, dass die anderen alles und ihr nichts habt. Und trotzdem helfen sie euch nicht, wenn ihr sie braucht. Was ihr auch tun wollt – es hat immer einen Haken. Jetzt gilt es, die **Hemmungen** abzulegen und **Hindernisse** und **Hürden** zu überspringen. Denkt an euer **Herz**! Nützt die **7** und „siebt" eure Worte und die Realität, lasst Negatives fallen und konzentriert euch auf das Positive. Das, woran ihr **haftet**, gibt euch keinen wirklichen Halt, sondern hält euch davon ab, den Himmel auf Erden zu gestalten.

Wenn ihr den positiven **H**- und **7**-Zustand erreicht habt, dann seid ihr **harmonisch** und habt **inneren Halt**. Dadurch könnt ihr alte Wunden heilen. Ihr wisst, was ihr schon alles geschaffen habt und haltet in allen Situationen durch. Ihr helft euch selbst und hört auch auf hilfreiche Ideen. Wie ein Kind getraut ihr euch, **hemmungslos** höchste Ziele anzupeilen. Jetzt könnt ihr aus Hirngespinsten herrliche Tatsachen erschaffen. Ihr werdet nicht mehr gehindert oder beherrscht, sondern beherrscht jede Situation, auch wenn ihr viele Tätigkeiten parallel handhabt. Ihr seid **hellwach** im **Hier** und **Jetzt** und holt aus allem das **Helle** und Lichte heraus. Da ist so viel mehr, das gelebt und gefeiert werden kann! Deshalb seid ihr **heiß** auf **heiße** Lebenserfahrungen!

I/8

INGRID, IRMA, IDA, ISIDOR, ISIS …
ITALIEN, INDIEN, IRLAND, INDONESIEN, ISTANBUL …
ISCHIAS

Das zentrale Thema bei I und 8 ist, auf das Innere zu hören und zum eigenen Ich zu stehen.

Die **8** deutet klar darauf hin, dass ihr darauf achten müsst, oben und unten, innen und außen miteinander zu verbinden. Ihr alle habt ein Innenleben mit **Idealen, Impulsen** und **Ideen**, die ihr nicht verkümmern, sondern zulassen sollt.

In negativen **I**- und **8**-Phasen fühlt ihr euch innerlich leer, da ihr an eurer Integrität zweifelt. Jeder ist ein **Individuum** und daher in seiner Art einzig- und großartig! Zweifel und das Sich-heruntermachen-Lassen zeugen nur vom oft **irrigen** Glauben, dass ihr selbst nichts wert seid. Ihr werdet damit so lange konfrontiert, bis ihr euch selbst fragt: Wer bin ich denn? Und als Nächstes folgt: Was will ich denn? – Durch Äußeres werdet ihr dazu gezwungen, euer **inneres Baby** aufzuspüren und zu erhören. Jetzt müsst ihr euch von **Idolen**, die ihr verherrlicht, verabschieden, und erfassen, dass ihr die gleichen Fähigkeiten in euch selbst habt – sie sind Aspekte eures großartigen Ichs. Macht euch auch von der **Illusion** frei, dass sich ohne euer Umdenken und euer Handeln irgendetwas in der Realität verändert.

Im Positiven kommen euch in **I**- und **8**-Zeiten von innen und von außen neue, euch fördernde **Impulse** entgegen. Jetzt könnt ihr zu euren eigenen **Intuitionen** und **Ideen** stehen, sie weitergeben und damit bei anderen Interesse wecken und sie inspirieren. Ihr ergreift **Initiative** und lebt nicht mehr isoliert am Lebensstrom vorbei. Ihr seid dazu fähig, die Zusammenhänge **intellektuell** zu realisieren und diesen Erkenntnissen entsprechend **intelligen**t zu handeln. Die inneren Konflikte habt ihr beiseitegeräumt, wodurch eure Selbstsicherheit und euer Selbstwertgefühl gewachsen sind. **Ich bin und ich stehe voll und ganz zu mir!** Diese Einstellung eröffnet den Weg für ein **interessantes, intensives** und **imposantes** Leben.

J/9

JOSIANE, JACQUELINE, JEAN(NE), JAKOB, JULIUS …
JAPAN, JEMEN, JORDANIEN, JERUSALEM …

J und 9 heißt, JA zu sagen, zu sich selbst und zu allem, was ist.

Der Planet **JUPITER** steht für **Erweiterung** und Glück, für **JA** und **Jungsein**.

Die **9** ist die letzte Zahl vor dem Sprung in eine neue Dimension. **9** und Nein klingen sehr ähnlich. Neinsagen ist tragend im negativen **J**- und **9**-Zustand. Ihr seid grundsätzlich gegen alles, was ist. Das Schlimme ist, dass ihr damit gegen euch selbst seid und handelt. Ihr sträubt euch gegen jegliche neue Erfahrung und Bewegung im Leben. Infolge schlechter Erfahrungen (weil ihr das Positive nicht erkannt habt) denkt ihr, euch schützen zu müssen. Dies seht ihr, wenn Menschen bei Diskussionen ihre Arme als Schutz über dem Solarplexus verschränken. Sie lassen die **Jalousien** herunter … Der Lernprozess ist jetzt, aufzutun und dem Lichten Raum zu geben. Es ist **jämmerlich** schade, am Leben vorbeizugehen und über alles zu **jammern.** Überlegt deshalb jedes Mal, bevor ein Nein über eure Lippen kommt, ob es nicht sinnvoller und interessanter sein könnte, **JA** zu sagen.

Im positiven **J**- und **9**-Zustand habt ihr eure **Jugendlichkeit** wiedergefunden. Ihr seid dazu bereit, auf die Jagd zu gehen und zu **„jumpen"**, in die Luft zu springen und zu **jauchzen**. Ihr wollt und könnt jetzt **jubilieren**: Über die Fähigkeit, **JA zu sagen**, zu euch selbst und zu dem, was ihr innerlich erschaffen habt und täglich neu entdeckt. Jede neue Erfahrung fördert euer Bewusstsein und belichtet euer großartiges, multidimensionales Selbst. Das Paradies ist nirgendwo anders als im **Hier und Jetzt**! Nicht in vergangenen Erinnerungen und nicht in Befürchtungen vor dem Morgen, sondern im **Jetzt** sollt ihr leben! Realisiert ihr jetzt das Gute, dann werdet ihr es auch in Zukunft realisieren!

K/10

KARIN, KATHARINA, KURT, KARL, KONRAD …
KENYA, KROATIEN, KÖLN, KIEL, KAIRO …
KÖRPER, KNIE, KNÖCHEL, KARIES

K und 10 stehen für Klarheit und Kraft für „Ich kann".

In negativen **K**- und **10**-Phasen fühlt ihr euch geistig und körperlich schwach. Es fehlt euch an Konzentration und klaren Gedanken. Kein Ding will gelingen, kein Mensch liebt euch und das Leben erscheint euch als **Kampf und Krampf**. Oftmals steht die Karriere vor der Lebensfreude und **Kleinigkeiten, Kleinlichkeiten** vor dem großen Lebensziel. Ihr **klammert** euch an alte Gewohnheiten, an Menschen und Dinge, anstatt die Kreativität aus dem Kern eures Selbst fließen zu lassen. Weil ihr glaubt, dass das Außen vieles kaputtmacht, **kapituliert** ihr, anstatt zu kämpfen. Ihr lebt ein **karges** Leben, aus dem heraus keine kraftvolle Pflanze keimen kann. So könnt ihr auch krank werden. Jetzt jedoch beginnt ein neuer Kreis, symbolisiert durch die Zahl **10**. Ihr müsst euch klar werden, dass ihr bereits vieles kennengelernt und erlebt habt, ohne dabei krepiert zu sein. Also kann es doch nicht sein, dass ihr euch mit einem **kläglichen** „Ich kann nicht" in ein katastrophales Leben katapultiert. Jetzt ist es Zeit, euch einen **Kick** und einen **Klaps** zu geben und „Ich kann" zu sagen!

Im positiven **K**- und **10**-Zustand habt ihr euch mit eurer **Kraft** und eurem Willen aus eurem Käfig befreit, seid **kontaktfreudig** und kommt mit Menschen zusammen, die eure **kreativen** und **katzensprunghaften** Ideen und Talente verstehen, unterstützen und euch dabei helfen, sie zu **konkretisieren**. Neu könnt ihr euch immer mehr auf das Wesentliche, den **Kern** einer Sache **konzentrieren**. Auch in der Kommunikation fasst ihr eure Gedanken in klare und einfache Worte, weil ihr wisst, dass das Positive nur durch **Klarheit** keimen kann. Wie **Kinder** sagt ihr **„Ich kann"!** Mit dem Bewusstsein dieser inneren Kraft werdet ihr zu wahren Lebenskünstlern und könnt alle Situationen mit kleinem Kraftaufwand meistern. Ihr seid nicht mehr von Regeln eingeschränkt, sondern könnt neu eure eigenen Konditionen kundtun.

Eure Klarsicht lässt euch auch Probleme des Dus er-kennen – ihr könnt dann als **Katalysator** wirken, indem ihr das Gute im Gegenüber seht und seine Energie und Kraft ankurbelt, damit auch es sich verändern kann.

L/11

LARA, LILIANE, LISELOTTE, LEOPOLD, LUDWIG, LUKAS, LOUIS(E) …
LUXEMBURG, LIECHTENSTEIN, LONDON, LUZERN …
LUNGE, LEBER

L und 11 stehen für die Liebe und die Lust zu leben.

Leben ist im Gegensatz zu Tod Bewegung. Das ist auch der Grund, weshalb die Menschen so sehr am Leben hängen. Nur erkennen viele nicht, was das **Leben lebenswert** macht!

Der negative **L**- und **11**-Zustand ist die Folge von angelernten Glaubensmustern, die euer wahres Ich verneinen und verleugnen. Deshalb verliebt ihr euch in Dinge oder Menschen und vergesst dabei, dass ihr zuallererst euch selbst **lieben lernen** müsst, um ohne **Leiden** glücklich zu werden. Ihr werdet von **Lasten** erdrückt und seid von **Lassos** eingefangen, weshalb ihr auch nicht los- und nicht zulassen könnt. Ihr lasst nicht locker, sondern „zügelt" euer Leben. Um aus **Leerläufen** und **Langeweile** auszubrechen, müsst ihr endlich **lernen**, darauf zu achten, wie oft ihr euch selbst verleugnet, was ihr euch vor-**leugnet**, wodurch ihr das Lebendige in euch einschränkt.

In positiven **L**- und **11**-Situationen hat die Lebensschule euch so viele Erfahrungen gebracht, dass ihr euch jetzt selbst vertraut und wisst, dass ihr „es" geschehen **lassen** könnt. Und dass in jeder Situation ein **Licht** aufgeht, welches euch bewusster leben lässt. Ihr seid **lebendig!** So könnt ihr am Morgen mit **Leichtigkeit** aufstehen, den ganzen Tag über vieles **lachen** und endlich wieder **lustig** sein. Ihr habt gelernt, dass es nur möglich ist, wirklich zu **lieben**, wenn ihr zuerst die **Liebe zu euch selbst** aufgebaut habt. Weil ihr nicht mehr labil, sondern stark und mutig seid, könnt ihr jetzt dem **Leben**, euch selbst den **Lauf lassen** und sicher sein, am richtigen Ort zu landen.

Erkennt, was **Liebe und Leben** bedeutet – und nehmt die **Leckerbissen**, die ihr euch selbst realisiert, freudig an!

M/12

MARIA, MARINA, MADELEINE, MARIANNE, MICHEL(E), MARC, MARTIN, MAX …
MALAYSIA, MAROKKO, MIAMI, MAILAND, MOSKAU, MÜNCHEN …
MAGEN, MUND, MILZ

M und 12 stehen für das Realisieren, dass jeder mental der Macher der materiellen Welt ist.

In **M**- und **12**-Phasen geht es vor allem um das Thema **Macht** und damit um das **männliche** Prinzip, das jeder Mensch zur Hälfte in sich hat. Es gibt zwei Planeten, deren Namen mit **M** beginnen: der **MARS**, der symbolisch für dieses männliche Vorwärts und für den Willen zu Veränderung steht, und der **MERKUR**, der euch schon vom Namen her darauf aufmerksam macht, etwas zu merken. Er symbolisiert auch die Gewandtheit im Mitteilen und Kommunizieren. Und der **MOND,** das Licht der Nacht, will euch aufmuntern, die andere Seite der Münze (= Materie) zu belichten und sie euch bewusst zu machen.

Im negativen **M**- und **12**-Zustand gebt ihr eure Macht unterwürfig ab. Ihr fühlt euch in vielen Situationen ohnmächtig (ohne Macht) und seid generell **misstrauisch**. Immer wieder werdet ihr mit: **Du musst …**/ **ich muss** … konfrontiert. Eure Mitmenschen haben wie auch ihr selbst die Tendenz, alles **mieszumachen**. Oftmals erkennt ihr nicht, dass ihr alles mit euch machen lasst und euch sogar zu einem Mülleimer degradiert, in den andere ihre Probleme hineinladen können. Dies belastet euch und macht euch **müde**. Um **12** Uhr ist Mittag und die Zeit für eine Wende. Ihr dürft jetzt die guten **Momente,** um vorwärts zu kommen, nicht verschlafen! Ihr müsst etwas **machen** und endlich zu dem stehen, was ihr mögt. Ein altes Verhalten wird euch sonst auf den Magen schlagen.

Im Positiven könnt ihr in **M-** und **12**-Zeiten **mutig** sein. Ihr habt ge-merkt, wie ihr mit eurer Konzentrationsfähigkeit immer besser zu eurer **Mitte** findet und mit eurer veränderten Einstellung aus allem das Beste **machen** könnt. Geistig und materiell wird euer Sein reicher.

Viele **Möglichkeiten** eröffnen sich (Mars-Prinzip) und ihr getraut euch, offen und ehrlich eure Wünsche und Bedürfnisse mitzuteilen (Merkur-Prinzip). Das **Momentane** ist euch wichtig, da ihr wisst, dass ihr daraus die Zukunft **materialisiert**. Ihr seid die **Macher**! Ihr zieht die Menschen magnetisch an, d. h. ihr baut sie aus eurem Inneren auf, die euch er-muntern, auf eurem Lebensweg vorwärtszugehen. Nichts ist mehr müßige, vergebliche Mühe, sondern ihr freut euch wahrlich jeden Abend auf das Morgen.

Denn: Morgenstund' hat Gold im Mund!

N/13

NICOLE, NORA, NADIA, NIKLAUS, NORBERT …
NEUSEELAND, NEUFUNDLAND, NAIROBI, NEW YORK, NEAPEL …
NASE, NIERE, NÄGEL, NABEL, NERV

Bei N und 13 geht es um die Erkenntnis, dass jeder Nullpunkt einen Neuanfang in sich trägt.

Nichts ist, was nicht Sinn macht. Doppelte Verneinung macht alles positiv.

Im negativen **N**- und **13**-Zustand gilt es vor allem, die generelle **Negativität** gegenüber sich selbst und allem, was ist, zu erkennen. Sie führt letztendlich ins **Nichts**, in **Not** und in den Glauben, dass alles **nutzlos** ist. Wie armselig ist ein solches Leben! In diesen Zeiten kann euch nichts gelingen, und es wird euch oft alles genommen. So gesehen ist es nicht verwunderlich, dass der Tod der **13** entspricht. **N** und **13** sind keinesfalls Ankünder von realem Tod – im Gegenteil: Ihr durchlebt eine Zeit, in der euer wahres Wesen nicht „sterben" will, sondern aus dem erreichten **Nullpunkt** einen **Neuanfang** und ein neues Leben erschaffen will! Werdet euch deshalb bewusst, wie oft ihr, ohne zu überlegen, nein zu euch selbst sagt und euch dadurch von den schönen Seiten des Lebens ausgrenzt. Lernt jetzt, Ja in Worte zu fassen – für euch selbst. Benutzt aber auch das **Nein**, um euch von negativen Gedanken, Menschen und Situationen abzugrenzen.

NEPTUN, der Gott des Wassers, fängt mit **N** an. Er steht einerseits für das Verschleierte, sowohl für das neblige Nicht-Wissen als auch für den Urinstinkt, das Schöpferische und das Unendliche. Neptun ruft euch dazu auf, aus dem grauen Nebel das Umgekehrte, nämlich sonniges Leben zu machen!

Seht ihr **N** und **13** positiv, dann habt ihr euer Denken geändert. Ihr erlebt jetzt neue Situationen und steigt auf in neue, höhere (oder tiefere) Dimensionen, von wo aus ihr das Unbewusste mehr und mehr belichten werdet.

Ihr getraut euch, euch anderen Menschen „**nackt**" und **natürlich** zu öffnen, ohne dadurch benachteiligt zu werden. Ihr seid **neugierig** und „**naiv**" im positiven Sinn, das heißt, dass ihr unkritisch und treuherzig wie ein Kind vertraut.

Jetzt integriert ihr auch die positive Seite der **Negativität** – das Weibliche, Empfängliche und N**ehmende**. So nimmt in eurem Leben alles zu, was für euer Vorwärtskommen förderlich ist. Ihr steht nicht mehr neben den Schuhen, neben Spaß und Vergnügungen, sondern mit beiden Füßen voll im Leben. In allem wird **Nichtigkeit zu Wichtigkeit**!

O/14

OLGA, OLIVIA, OSKAR, OTTO …
OMAN, OESTERREICH, ORLANDO, OSLO, OXFORD …
OHREN

Das Thema von O und 14 ist, sich aus der Ohnmacht zu befreien und offen und optimistisch zu sein.

Mit O beginnen „Oh“, Ausruf der Verwunderung und des Staunens, wie auch „OM“, der transzendente Urton nach hinduistischem Glauben. Töne nehmt ihr über eure Ohren auf. Deshalb haben **O**- und **14**-Situationen mit **Offenheit** zu tun.

In negativen **O**- und **14**-Zeiten seid ihr **ohne** Lust und dreht euch an **Ort.** Ihr verschließt euch – seid nicht dazu bereit, einen Schritt aus der Routine zu machen und euch einem neuen Kreis, einer neuen 0 (Null) zu öffnen. Ihr **opfert** euch für andere auf und fühlt euch **ohnmächtig**, nicht dazu fähig, aus den sich oft wiederholenden Situationen auszubrechen. Euer Inneres fordert euch jetzt dazu auf, eine Standortbestimmung zu machen und euer Denken und Leben zu ordnen. Anstatt weiterhin **ohne** Herz Schmerz zu erleiden und **offensiv** zu reagieren, solltet ihr jetzt **offenherzig** die Augen und **Ohren offen**halten, um die **Okkasionen**, die offen gelegten Gelegenheiten, anzupacken.

Im positiven **O**- und **14**-Zustand habt ihr nach einer Zeit der Öde eine **Oase**, eine fruchtbare Gegend gefunden, in der ihr euch **offen** und ohne Ängste bewegen könnt. Euer innerer **Ofen** brennt und ihr geht deshalb **optimistisch** an neue **Objekte** heran. Euer Denken ist **objektiv** und **originell.** Anstatt eines Nein kommt jetzt spontan ein **Okay**, was eure neue Einstellung wiedergibt, dass das, was gerade ist, **in Ordnung** ist.

Im Osten geht die Sonne auf! Erkennt jetzt, welche Tore sich **öffnen**, um eure Realität zu **optimieren** und **orgastisch** zu erleben.

P/15

PAUL(A), PETRA, PETER, PIRMIN …
PORTUGAL, PARAGUAY, POLEN, PERU, PARIS, PARMA …
PO, PENIS

P und 15 stehen für eine Zeit, in der ihr euer Potenzial erkennen und positiv sein sollt.

Im Tarot ist die **15** (XV) die Karte des Teufels, des Widersachers des Guten, des Gegenpols von Gott.

Ein Mensch oder eine Sache kann euch nur so lange „verteufeln“, wie ihr euch eurer **Potenz** und eures **Potenzials** – eurer Schöpferkraft, die eure Realität in ihrer Vielfältigkeit erschafft – nicht bewusst seid.

Im negativen **P**- und **15**-Zustand **pariert** (gehorcht) ihr dem Partner, dem Papi, dem Papst und vielem mehr. Ihr lasst euch im täglichen Theaterstück einen **Part**, eine Rolle aufzwingen, den ihr nur mangels eurer Eigenständigkeit annehmt. Dies führt immer zu **Problemen** und oftmals auch zu **Panik**. Ihr haltet an **Prinzipien** und **Paragrafen** fest und lähmt, **paralysiert** eure Bewegung. Euer Inneres hat jedoch den Drang, nicht **pessimistisch** zu verharren, sondern vorwärtszugehen und Neues zu probieren! Befreit euch deshalb von euch aufgebürdeten **Pflichten** und erkennt, dass es eure Verpflichtung ist, selbst glücklich zu werden! Nur so kann eure gespiegelte Realität glücklich sein.

In positiven **P**- und **15**-Zeiten habt ihr euer Denken und Handeln so positiv verändert, dass es euch von der Realität entsprechend widergespiegelt wird. Psychisch und physisch geht es euch gut! Die **Partner** „passen“ zu euch und unterstützen euch, und sie erkennen und fördern euer **Potenzial**. Ihr habt euch eine **positive** Basis geschaffen, auf der **Positives passiert**. Ihr könnt euch für alles **passioniert** einsetzen, spürt **Pepp und Power**. Ihr seht andere **Perspektiven** und könnt neu alles auf einen zentralen **Punkt** bringen. Dadurch seid ihr parat, **Pläne** zu schmieden und sie in der Realität **praktisch** zu verwirklichen – **Phantasien** können jetzt **plötzlich** Wirklichkeit werden!

Ihr wisst, dass das **Paradies** nirgendwo anders als hier und jetzt ist, und dass ihr es selbst **programmieren** könnt.

Q/16

QUEENIE, QUILA, QUIRIN, QUINTO, QUINCY, QUASIMODO …
QUATAR, QUEBEC, QUERFURT, QUARTEN …

Q und 16 rufen euch dazu auf, euch nicht zu quälen, sondern die innere Quelle der Freude zum Sprudeln zu bringen.

Die Form des **Q** zeigt, dass entweder etwas Neues von außen auf euch zukommt oder ihr euer Inneres fließen lasst, um Neues zu erschaffen.

In negativen **Q**- und **16**-Phasen wird euer Innerstes durch „Angriffe“ von außen verletzt. So wie das Quecksilber, ein flüssiges Metall, euren Körper vergiftet. Ihr seid von **Querulanten** umgeben, Menschen, die sich ständig beschweren und starrköpfig auf ihr Recht pochen. Jetzt gilt es, in euch selbst zu „putzen“ und festzustellen, wo ihr euch unnötigerweise **quält** und **„quer“** in eurem Leben steht. Kreuz und quer ist das Gegenteil von Geradlinigkeit. Brecht also aus der Spirale der euch hinunterziehenden Gedanken und Situationen aus. Beim **Q** und bei der **16** geht es nicht um oberflächliche Probleme, sondern um eine tiefere Ebene des Seins. Etwas Lebendiges will ausbrechen. Macht den ersten Schritt, sonst wird das Leben zur **Qual**!

Im positiven **Q**- und **16**-Zustand habt ihr die negativen Denkprogramme erkannt und verbrannt. Ihr habt zum Ursprung, zur **Quelle** und zum Kern eures Wesens zurückgefunden und seid für **Quantensprünge** bereit. Ein neues Ich will aus der Tiefe „herausquellen“, hervortreten und in höhere Dimensionen vordringen. Ihr vertraut eurem inneren Baby und lasst dem Leben freien Lauf, da ihr wisst, dass in jedem Moment nur das für euch Richtige passiert. „Quo vadis“ (wohin gehst du) ist die neugierige Frage an euer Inneres und zeigt eure neue Einstellung zum Leben: Nicht stehen bleiben und zu Eis erstarren, sondern sich auf den Wellen tanzend bewegen. Geistig seid ihr **quirlig** und realisiert jederzeit die Quintessenz, das Wesentliche hinter dem Schein der Realität. Dadurch verändert ihr euch – euer Leben wird zu einem Fest der tiefen Einsichten und Freuden.

R/17

REGINA, RENATE, ROSEMARIE, RICHARD, ROGER, ROBERT …
RUSSLAND, RUMÄNIEN, ROM, RIGA, ROSTOCK …
RÜCKEN

R und 17 stehen für: Realisieren und Realisieren!
Auch für Respekt euch selbst und allem, was ist, gegenüber und für Erkennen und Schätzen eures Reichtums.

Mit **R** beginnt Rot, die Farbe der Energie und Liebe und übersetzt des Geldes = Reichtums.

Im negativen **R**- und **17**-Zustand ist euer Leben geprägt von roten Zahlen, d. h. ihr seid ständig im „Minus“. Ihr verpufft eure Energie. Da ihr euren Wert nicht erkennt, fühlt ihr euch **ratlos** und gebt nicht nur euren geistigen, sondern oftmals auch euren materiellen Reichtum unterwürfig ab. Ihr nehmt **Rücksicht** auf die anderen, glaubt, euch immer **rechtfertigen** zu müssen und macht euch dadurch selbst **runter**, was euch oft gereizt **reagieren** lässt. Ihr seid in Routine verhangen. Um euch selbst zu **retten**, hilft nur eines: Eine **radikale Reinigung** eurer Glaubens- und Verhaltensmuster. Erkennt die Lasten des Vergangenen, die ihr bereits so lange in eurem **Rucksack** mitgeschleppt habt! Macht eine wahre Rück-Sicht und pickt aus euren Erinnerungen die Rosinen heraus, die euch bewusst machen, wie reich ihr an Erfahrungen und Wissen seid.

In positiven **R**- und **17**-Zeiten erreicht ihr Ziele. Ihr habt gelernt, was **Respekt** euch selbst und allem anderen gegenüber bedeutet. Ihr steht zu eurem **Reichtum** und könnt ihn neu ohne Reue mit anderen teilen. Ihr seid durch einen langen **Reifeprozess** gegangen und könnt jetzt ernten. Ihr baut die richtigen Rahmenbedingungen auf, innerhalb derer ihr euch entwickeln könnt. Ihr habt realisiert, dass ihr alles selbst realisiert, und seid der **Regisseur** eures Lebens, bringt alles **reibungslos** auf die Reihe. Eure innere **Ruhe** lässt euch risikofreudig Regeln durchbrechen und ihr reißt mit eurer Energie Neues an. Ihr erkennt sehr schnell die **Relativität** von Situationen oder Problemen – euer Leben wird „glatt“, was euch vor Runzeln bewahrt … Dieser innere Schatz und das Wissen um euren Reichtum lassen euch von Tag zu Tag reicher werden – geistig und real.

S/18

SIMON(E), SENTA, SUSANNE, SIEGFRIED, STEFAN, SCOTT, SEBASTIAN …
SCHWEIZ, SCHWEDEN, SINGAPORE, SALZBURG, SARAJEVO, SIENA …
STIRN, SCHULTER, SCHLÜSSELBEIN, SPEISERÖHRE, SEHNE, SCHENKEL

S und 18 sind Zeichen dafür, dass ihr die innere Sicherheit und Stärke aufbauen sollt, anstatt euch weiterhin an äußeren Sicherheiten festzuklammern.

Wenn die **Sonne** untergeht, das Licht des Tages erlischt, werdet ihr **selbst** verantwortlich für die Beleuchtung der Nacht. Entsprechend werdet ihr in **S**- und **18**-Zeiten mit eurer **Selbstverantwortung**, eurer inneren **Sicherheit** und **Stärke** konfrontiert.

S zeigt in allen aufgeführten Darstellungen der 8 die Bewegung von innen nach außen, das rote Blut, das Erschaffende eurer **Seele**. Euer Inneres fließt ins Außen – macht die Realität.

Im negativen **S**- und **18**-Zustand kommt die negative Seite von **SATURN** zum Tragen: Ihr habt Angst und sichert euch ab – mit Versicherungen, mit Verträgen, mit Schlüsseln und was auch immer. Ihr seid ständig im **Stress**. Das Schöne des Lebens geht an euch vorbei, und die Quelle eurer Spontanität versiegt. Euer Denken ist gepolt auf „Es hat doch alles keinen Sinn“ – also strebt ihr keine Veränderung an. Ihr stellt euch selbst in den **Schatten** und damit eurer inneren Sonne, dem Zentrum eures Seins, in den Weg. Ihr hängt an einem stabilen, jedoch in **Schranken** gebundenen Leben fest, was euer Wunsch nach Schlankheit anstatt Üppigkeit widerspiegelt. Für das Süße glaubt ihr bestraft zu werden. Am Schlimmsten zeigt sich dieser Zustand in der Sucht – der verzweifelten Suche nach einem Halt im Außen.

Positiv gesehen sind **S**- und **18**-Phasen Zeiten einer Neugeburt – „a star is born“! Ihr habt mit Situationen, Beziehungen und Verhaltensweisen, die euch Schaden zugefügt haben, Schluss gemacht. Scheiden tut weh, und doch ist das Leben wichtiger! Aus Schienen habt ihr euch befreit und könnt euer „Gefährt" jetzt frei bewegen. Das wahre Sein zählt, das **spielerische, spontane** und **sprudelnde Selbst**! **SATURNs** positive Seite ist, dass „er", d. h. ihr den Schlüssel in euch selbst habt und nutzt, um mit innerer **Stärke** und **Stabilität** neue Türen zu öffnen. **Sieg** über alte Ängste bringt euch **Sicherheit** und die **Sonne** in euer Herz – ihr strahlt diese aus. Ihr erkennt eure inneren **Schätze**, was euch „Schwein" – Glück – bringt!

Ihr selbst erschafft mit eurer **Schöpferkraft** Glück!

T/19

TANJA, TINA, THERESE, THOMAS, THEODOR, TOBIAS ...
TUNESIEN, TÜRKEI, TSCHECHIEN, TOKYO, TORONTO, TRIEST ...
TORSO, THYMUS, THORAX, TROMMELFELL

Bei T und 19 geht es darum, sich treu zu sein, sich zu getrauen und etwas zu tun.

Der Tor, ein Narr, beginnt mit **T**. Auch der Tiger, der Kraft und Energie symbolisiert.

Eingesperrte Tiere, auch Menschen, tigern gelangweilt in ihrem Käfig herum. Im negativen **T**- und **19**-Zustand treibt ihr ohne Tiefgang auf den Wellen des Lebens, und nur tragische Situationen wie **Tod** oder **Trennung** können euch tief berühren. Dann trauert ihr. Ihr **täuscht** euch Zufriedenheit vor, täuscht euch in Menschen, in euren Gefühlen und ertragt **träge** euer Schicksal. Ihr seid **tatenlos**, tut nichts, um die Situation zu verändern. Ihr werdet in eurem Leben so sehr eingeengt, dass ihr wütend werdet. Lest ihr Wut von hinten, so heißt es: **Tu w**as!

Im positiven **T**- und **19**-Zustand habt ihr gelernt, euch selbst **treu** zu sein. Ihr getraut euch, zu euch selbst und euren **Talenten** zu stehen. Indem ihr etwas tut, müsst ihr keinen verpassten Chancen nachtrauern. Eine innere **Transformation** hat stattgefunden, die euch nicht geteilte, sondern geballte Energie gibt, euch selbst und andere immer wieder anzutreiben, Ideen in die **Tat** umzusetzen. Türen gehen jetzt auf zu **transzendenten**, Grenzen überschreitenden, neuen Erfahrungen.

Ihr erfasst jetzt, dass ihr auf euer Innerstes treffen müsst, um euer Ziel zu erreichen. Und dann könnt ihr **triumphieren**! Es ist euer Sieg – freut euch.

Nicht zurückkrebsen, sondern **tollkühn** und narrensicher sollt ihr durch die **offenen Tore** gehen.

U/20

URS(ULA), ULRICH, UDO …
URUGAY, UNGARN, URAL, UKRAINE, UPSALA, UDINE …
UNTERSCHENKEL, URIN

U und 20 sind Zeichen dafür, mit Überblick und Umdenken die Umwandlung zu erreichen.

Der Planet **URANUS** beginnt mit **U**. Er symbolisiert das Plötzliche und Unverhoffte: Schicksalsschläge im Negativen und Wunder im Positiven.

Generell passieren in **U**- und **20**-Zeiten große **Umwandlungen** und **Umbrüche**.

Wenn ihr ununterbrochen euren Wert und eure Energie **untergrabt**, lauft ihr Gefahr, dass euch das Außen, anders gesagt euer Inneres, unverhofft zu einer **Umkehr** oder einem **Umdenken** zwingt, um euch vor dem **Untergang** zu bewahren. In negativen **U**- und **20**-Zeiten fehlt euch die nötige Übersicht – ihr **überbewertet** Menschen oder Situationen und **unterdrückt** dabei euer Ich. Ihr setzt euch unter Druck, um nicht zu versagen. So nimmt euer Unvermögen überhand. Ihr werdet übergangen, „überfahren" oder überfallen. Jetzt ist es Zeit, in den Untergrund eures Wesens zu tauchen, um dort die **Ursachen** für alles **Unbefriedigende** zu suchen. Euer bisher ungenutztes Ich wartet darauf, endlich ent-deckt zu werden!

Im positiven **U**- und **20**-Zustand habt ihr gelernt, anders zu denken und euch über die Umwandlungen, die ihr euch erschaffen habt, zu freuen. Ihr erkennt, dass das Leben ohne Um- und Aufbrüche ungenießbar und fade ist. Ihr seid bereit für **Üppigkeit**, für das **Unglaubliche** und das **unverhoffte** Glück. So kann sich das **ursprüngliche** Selbst mehr und mehr entfalten. Ihr wisst, dass ihr selbst der Erschaffer eures Weltbilds seid, habt **Unabhängigkeit** erreicht und für euch selbst die Verantwortung übernommen. Ihr seid **unternehmungslustig** und werdet euch gewahr, welcher **Überfluss** als Echo zurückkommt, wenn ihr dazu bereit seid, eure Liebe und Energie nicht mehr zu unterbinden, sondern überfließen zu lassen. So dreht sich eure Realität um 180 Grad: aus dem un- und unter- wird alles zum **„über“**- im positiven Sinn.

Werdet wieder wie die Kinder – vorwärts zurück zum **Ursprung**!

V/21

VICTOR(IA), VERONIKA, VANESSA, VALENTIN, VINCENT …
VENEZUELA, VERMONT, VENEDIG, VANCOUVER …
VAGINA, VENEN

Der V- und 21-Prozess hat mit Verantwortung, Vertrauen und Offenheit für ein volles, vielfältiges Leben zu tun.

Die **VENUS** beginnt mit **V**. Sie symbolisiert das weibliche Prinzip, sowohl Empfänglichkeit als auch das Aufbauende. Übersetzt ist **VENUS** die Mutter, die die Verantwortung übernimmt, das Geistige auszutragen und mit der Materie zu verbinden.

Im negativen **V**- und **21**-Zustand schiebt ihr jede Verantwortung nach außen. Ihr erkennt nicht, dass ihr dadurch zur Marionette anderer werdet, die über euren Willen verfügen, euch **verletzen** und „vergewaltigen“. Dadurch **vergeudet** ihr viel Energie, insbesondere dann, wenn ihr euch in Situationen **verwickelt**, die eure Entwicklung hemmen. In solchen Zeiten seid ihr mit einem Vogel zu vergleichen, der in einem Käfig eingesperrt ist und **vergeblich** versucht, die Freiheit zu erreichen. Ihr **verdrängt** euer Unglücklichsein und habt vergessen, was ursprünglich eure Wünsche und Ziele waren. Das innere Feuer jedoch bricht irgendwann **vulkanartig** aus! Übernehmt darum jetzt die **Verantwortung** für euch selbst und habt endlich **Vertrauen** in euch selbst.

In positiven **V**- und **21**-Zeiten wisst ihr, dass ihr selbst der Erschaffer, der Verfasser eures irdischen Theaterstücks seid und dass ihr durch vertieftes **Verstehen** Negatives in Positives **verändern** könnt. Dadurch **verbessert** ihr eure Realität. Ihr seid euch jetzt bewusst, dass ihr das Zentrum eures nach außen zersplitterten Ganzen und für alles **verantwortlich** seid: geht es euch nämlich selbst gut, kommt das Gute auch von außen auf euch zurück! Um diese vielen Teile, Aspekte eures Selbst zu **vereinigen**, seid ihr dazu bereit, ein **vielfältiges** Leben **voller** Lebendigkeit zu leben.

Euer Denken ist auf das **Vorwärts** ausgerichtet, eure positive **Vorstellungskraft** ist klar, wodurch sich das Gute in der verdichteten Materie **vermehrt**. Ihr seid voller Kraft, Mut und Ideen und sprudelt vor **Vitalität.** Ihr habt Verantwortung für euer Leben übernommen, seid euch der Folgen eurer Entscheidungen bewusst und vertraut darauf, dass alles, was ist, seinen Sinn hat und damit positiv ist.

W/22

WANDA, WILMA, WALTER, WERNER …
WEISSRUSSLAND, WASHINGTON, WIEN, WIESBADEN …
WIRBELSÄULE, WADE, WIMPERN

Bei W und 22 geht es darum, dass ihr euren Wert erkennt und wisst, was ihr wollt.

In negativen **W**- und **22**-Phasen wartet ihr auf ein Wunder, welches euer Leben verändert. Ihr seid müde von den sich ständig **wiederholenden** Situationen, werdet oft **wütend** (auf andere und vor allem auf euch selbst) und getraut euch mangels Willenskraft trotzdem nicht, aufzustehen und euch zu wehren. Wenn ihr vor einer **Wahl** steht, wird sie zur Qual, weil ihr nicht wisst, was für euch persönlich **wichtig** ist und euch weiterbringen könnte. Ihr verwechselt Schein mit Sein und konzentriert euch auf ein Weltbild, welches mit euren inneren **Welten** nicht übereinstimmt. Ihr achtet nicht auf die negativen Worte, die ihr aussprecht, weil ihr noch nicht realisiert habt, dass die Welt aus euren Worten geworden (geworten) ist. Ein **Wandel** ist not-wendig! Lernt jetzt zu erfassen, dass ihr der Erschaffer eurer Realität seid. Jedes Ding, jeder Mensch und jede Situation ist **wertvoll** und beinhaltet das Positive – ihr müsst nur lernen, es wahrzunehmen.

In positiven **W**- und **22**-Phasen **wisst** ihr, dass ihr das Zentrum seid, und kennt euren **Wert**. Ihr getraut euch, in klare **Worte** zu fassen, was ihr wollt. Ihr **wagt** es, in eurem Denken und Handeln einen **Wechsel** vorzunehmen, woraus sich immer eine **Wende** zum Guten ergibt. Ihr seht die Welt mit anderen Augen und nehmt in vielen kleinen Dingen die **Wunder** wahr. Ihr seid euch jetzt dessen bewusst, dass das Ich sich in allem, was ist, widerspiegelt. Das **Wir wird wichtig**! Eure neue Denkweise ist Ausdruck von **Wirklichkeit** und **Wahrhaftigkeit**, denn sie zeugt von **Wissen, Weite** und Freiheit!

Im realen Leben könnt ihr jetzt **walten** und schalten, Gas geben oder bremsen, wie ihr wollt. Ihr wisst, dass ihr als Zentrum durch alles, was ihr aussprecht oder tut, etwas be-**wirkt** und packt deshalb frei-willig und mit **Wonne** Neues an.

X/23

XAVER, XANTHIPPE, XENIA …
XANTHOS, XALAPA, XIANGYANG …

Das Thema von X und 23 ist Konzentration – alles auf einen Punkt zu bringen.

Das **X** ist wie ein „ver-rücktes" **+** (Plus) und steht mit der **23** zusammen für die Fähigkeit, sich auf den Kern der Sache konzentrieren zu können.

In negativen **X**- und **23**-Zeiten zerstreut ihr eure Energien und Gedanken. Am besten zeigt sich dies, wenn Menschen sich durch Alkohol vergessen und nicht mehr im Griff haben. Ähnlich kann es euch auch ohne Alkohol ergehen, wenn ihr vor dem Zuviel, das auf euch zukommt, die Übersicht und den Boden unter den Füßen verliert und dadurch fast „verrückt" werdet. Anstatt euch auf das Zentrale zu konzentrieren, verzettelt ihr euch mit **x-fachen** Tätigkeiten. Ihr werdet in solchen Zeiten oftmals mit Egoisten zusammentreffen, was für euch negativ ist. Dabei erkennt ihr nicht, dass sie euch im Grunde genommen das „vorspielen", was ihr jetzt lernen sollt: euch nämlich auf euch selbst und das, was gerade ist, zu konzentrieren. Hört auf, euch zu verzetteln, und beginnt jetzt, euch immer wieder auf das Zentrale und Wichtige zu besinnen. In der **23**. Stunde, vor dem Schlafengehen, könnt ihr die positiven Geschehnisse des Tages auf einen Punkt bringen, um den nächsten Tag kreativ verändert zu erleben.

Im positiven **X**- und **23**-Zustand scheint ihr für andere Menschen „verrückt" zu sein: Ihr habt euch verändert, seht das Außen mit anderen Augen. Ihr erfasst den Kern – in euch drin wie auch in allem, was ist. Ihr könnt **x-beliebige** Freunde und **x-fache** Vorhaben haben, die ihr mit eurer Fähigkeit, sich zeitweise auf das eine und dann auf das andere zu konzentrieren, problemlos unter einen Hut bringt. Ihr wisst um eure Vielseitigkeit und findet es viel zu langweilig, euch nur eingleisig fortzubewegen. Ihr habt gelernt, euch kurz zurückzuziehen, wenn es euch „zu viel" wird, um dann, nach einer kurzen Pause, gestärkt und klar wieder in Aktion zu treten.

Jetzt seid ihr innerlich so sicher, dass ihr **xenophil**, allem Fremden, allen Fremden gegenüber positiv und aufgeschlossen eingestellt seid! Euer Inneres, also ihr, kreiert Neues, wodurch ihr euch und euer Leben immer mehr verändern könnt.

Y/24

YVONNE, YVES, YVETTE …
YEMEN, YORK, YUCATAN, YELLOWSTONE …

Y und 24 stehen für die Öffnung nach „oben“ – das Erkennen der Zusammenhänge – und das „Erden“, das Herunterbringen auf den Boden der Realität.

Wie ihr in der Darstellung der 8 seht, sind **Y** und **24** auf einer anderen Ebene und doch parallel mit **A** und **0**. Der alte Kreislauf läuft während **Y**- und **24**-Zeiten aus, gleichzeitig beginnt, bewusst oder unbewusst, ein Anfang. So geht es in diesen Phasen um das Erkennen, wovon ihr Abschied nehmen müsst oder wollt und wofür ihr euch öffnet, damit sich etwas Neues materialisieren kann.

Im negativen **Y**- und **24**-Zustand seid ihr nahe daran aufzugeben. All eure Bemühungen scheinen im Sand zu verlaufen und das einst gesetzte Ziel verflüchtigt sich im Nichts. Ihr habt Ideen, die euch von außen jedoch mit vielen Wenn und Aber zunichtegemacht werden. Das „kleine“ Ich, der senkrechte Strich des **Y**, lässt sich vom V darüber niederdrücken. Oder anders gesagt: Ihr lasst es aus euren Glaubensmustern heraus zu. So wie ihr in der **24**. Stunde übersetzt die Augen schließt, so schließt ihr euch selbst aus.

Doch euer inneres Baby wehrt sich. Plötzlich könnt ihr eure Unstimmigkeiten erkennen und in klare Worte fassen, was ihr verändern wollt. Dadurch seid ihr bereit, Abschied zu nehmen, euch von Altem und Verbrauchtem zu trennen. Tut ihr es nicht selbstständig, kommt es vom Außen notwendigerweise auf euch zu, wie z. B. eine Kündigung oder eine Trennung. Öffnet euch jetzt für eure inneren Welten – erkennt, ent-scheidet und geht verändert in einen neuen Kreislauf des Lebens.

Yin und **Yang,** das weibliche und männliche Prinzip in der chinesischen Philosophie, beginnen mit **Y**. Erst wenn ihr diese beiden Seiten in euch vereint habt, dargestellt durch das obere V im Y, kann das Ich (der Strich des Y) sich frei und offen fortbewegen und sich für etwas Neues entscheiden. Außen und Innen sind in Harmonie – die zweipolige Realität, symbolisiert durch die zwei Kreise der 8, vereint sich in der großen Einheit, der **0**. Dann erkennt ihr, dass jeder Moment ein Nullpunkt ist, aus dem heraus ihr das Folgende kreativ gestaltet.

Im positiven **Y**- und **24**-Zustand stellt ihr fest, wie euer Kopf zu einem „Sieb“ wird und zu jedem Zeitpunkt Ideen und Impulse zulässt, die ihr realisieren könnt. Ein einziges Wort oder ein klarer Gedanke haben plötzlich die Macht, eure Realität unverzüglich zu verändern. So sind jetzt wahre Wunder möglich, die eure bisherigen Vorstellungen und Denkweisen übertreffen.

Z/25

ZITA, ZOE, ZACHARIAS, ZEUS ...
ZAIRE, ZYPERN, ZÜRICH, ZAGREB ...
ZUNGE, ZÄHNE, ZEHEN, ZWERCHFELL

Mit Z und 25 geht ein Zyklus zu Ende und Ziele für den nächsten Kreislauf werden gesetzt.

In der Nacht, zwischen **24** (=**0**) und **1** Uhr, verbinden sich übersetzt die Erfahrungen und Erkenntnisse des Tages mit dem inneren Willen eures Ichs, in kreativer Weise den neuen Tag aufzubauen.

In negativen **Z**- und **25**-Phasen seid ihr verschlossen, „zu". Ihr lasst die Fenster und Türen zu und seid wie in einer Zelle gefangen. Ihr geht geistig zurück, indem ihr an der Vergangenheit hängt, das Hier und Jetzt nicht lebt und vor Neuem zurückweicht. Ihr habt euch daran gewöhnt, **zurückzutreten** und den anderen Vortritt zu gewähren. Auch ist es klar, dass ihr die Zeche zahlt, auch wenn andere mitgezehrt haben. Der Grund dieses „Zurück" sind eure **Zweifel**. Unbewusst ist in eurem Denken zuallererst der negative Aspekt im Vordergrund – auch in Bezug auf euch selbst. Doch auch dieser **Zyklus** hat zu einer bestimmten Zeit ein Ende, und zwar dann, wenn ihr des **Zwergendaseins** überdrüssig werdet. Nehmt jetzt Abschied von einem **Zirkel** – er hat sich bereits mit vielen **Zeichen** angekündigt. Unbewusst oder bewusst ist der Entscheid schon gefallen – jetzt gilt es nur noch, die „Kündigungsfrist" zu durchleben und abzuschließen!

Im positiven **Z**- und **25**-Zustand habt ihr erfasst, dass ihr das **Zentrum** eures Weltbildes seid und dass eure Mitmenschen wie Zellen eures Körpers sind: Jeder hat dasselbe Kraftpotenzial und im Innersten dasselbe Wissen. Jeder ist Teil von euch selbst. Ihr könnt ihnen **Zärtlichkeit** und liebevolle **Zuwendung** zukommen lassen und bekommt sie in der Folge zurück. Ihr seid **zuversichtlich** und **zukunftsorientiert** und deshalb dazu bereit, jeden eingefahrenen **Zustand** zu verändern.

Wenn ihr auf dem **Zenit** (Höhepunkt) eines Zyklus angekommen seid, sind eure Gedanken bereits mit neuen Projekten beschäftigt, da ihr wisst, dass ihr mit jeder neuen Herausforderung bewusster werdet und dadurch vorwärts **zurück** zu eurem Ursprung geht. Das große **Ziel** ist, **Zauberer** des Lebens zu sein, die Realität oder Scheinwelt mit euren Gedanken zu durchdringen und Neues zu **zeugen**.

Und jetzt noch einige Aufmunterungen und Anmerkungen meinerseits, was ich durch diese Texte in meiner Realität verändern konnte. Zwar wohne ich immer noch am selben Ort, aber ich bewege mich heute ganz anders und sehe neu Dinge, die mir früher nicht aufgefallen sind. Materialisiere ich sie erst jetzt? Ja, davon bin ich überzeugt! Meine Sicht hat sich durch die Konzentration auf das Positive und die Belichtung meiner dunklen Seiten komplett verändert. So viele positiv eingestellte Menschen, die lächeln, sich auf ein Wiedersehen freuen, begleiten mich auf meiner Reise. Sie alle sind im Wandel und bereit, ihr Leben von einer anderen Seite zu beleuchten – es ist fantastisch, von ihren Veränderungen und ihren neuen Lebenserfahrungen, einem Echo meiner eigenen Umwandlung, zu hören!

Unglaublich ist auch, dass sich technisch seit 1991 so vieles entwickelt hat, das den mir damals „diktierten" Texten entspricht. Ganz besonders widerspiegelt sich das Realisieren, um zu realisieren, in der Computertechnik. Ist es nicht faszinierend, dass wir heute 3D-Drucker haben, die aufgrund der vom Programmierer eingegebenen Daten Materie „ausdrucken"? Dabei handelt es sich um dreidimensionale Gegenstände wie Gelenke, Zähne und vieles mehr. Übersetzt: Wir wollen unsere Wünsche und Ideen, wie z. B. eine Tasse, realisieren. Wir stellen jedoch fest, dass diese materiell ausgedruckte Tasse ein Loch hat – sie ist nicht unserem Wunsch entsprechend. Wo also beginnen wir, die Fehler zu suchen? Im Drucker? Nein! Wir selbst haben beim Programmieren etwas Falsches eingegeben und müssen nun unsere Eingabe umprogrammieren. Es liegt an uns selbst – wir haben die Verantwortung für das, was sich als Ausdruck materialisiert!

Wenn wir uns also unserer „falschen" Programme, der während langer Zeit abgespeicherten Denk-, Glaubens- und Verhaltensmuster, durch das zum Ausdruck gebrachte Ergebnis bewusst werden, können wir Einsicht in unsere unbewussten Seiten nehmen – uns selbst verändern. Wir erkennen unseren Wert, sind uns als Zentrum unserer Wichtigkeit und unserer Verantwortung gewahr. Auch wissen wir jetzt, dass positive Worte uns freudige Echos bringen und deshalb eine oder mehrere wunderbare, farbenprächtige Tassen zum Ausdruck kommen.

Auch habe ich erst jetzt die Symbolik der „Sprache" der Computer begriffen, die nur auf 0 und 1 basiert. Sie führte mich zu den oben stehenden Texten der Zahlen zurück, wo 0 das Ganze und 1 das Ich ist. Ist jeder für sich demzufolge übersetzt ein unfassbarer Computer, eine „geistige" Maschine, eine Datenverarbeitungsanlage, zur Eingabe von Programmen und Daten, die alles in sich hat und die neuen Ideen, die ihm sowohl eingegeben werden als auch durch Eingebung aus dem Inneren zufließen, materialisieren, verfestigen und wieder löschen kann? Ja, so muss die Bewegung im Diesseits laufen – eingeben und ausdrucken.

Der große Unterschied jedoch ist, dass wir den eigenen Willen haben, zu tun oder zu lassen, wie wir wollen. Dazu das Beispiel der Elektrizität. In unseren Wohnungen ist diese Energie über jede Strombuchse abrufbar. Es liegt allein an unserem Willen und unserem aktiven Handeln, den Kippschalter zu betätigen, um Licht ins Dunkel zu bringen – wir sind der Macher, wir entscheiden uns für dunkel oder hell.

Das englische Wort „compute" heißt berechnen, errechnen, aber auch Sinn machen. Und schon werden wir wieder daran erinnert, dass alles, was wir selbst zu Materie machen, sich logisch errechnen lässt und Sinn macht.

Im Computer gibt es das „Mother-" oder „Mainboard", was auf Deutsch die zentrale Platine, die Leiterkarte, der Träger von Bau-Steinen ist. Auf diesem Sockel können weitere Karten platziert, aufgebaut werden. Diese Platine muss unser ursprüngliches Ich gewesen sein, rein und neutral. Unser Wille, uns des allumfassenden Ichs bewusst zu werden, ließ uns von Jahr zu Jahr neue Karten, neue Programme auf diese Platine setzen – zuerst diejenigen unserer Eltern, dann diejenigen der verschiedenen Mitmenschen, der Tiere, der Umgebung. Durch den Kontakt mit unseren Spiegelbildern haben wir diese und die damit verbundenen Erfahrungen verinnerlicht, sie wurden zu Erinnerungen. Dies entspricht den im Computer integrierten Festwert-Plätzen, wo Informationen, übersetzt: unsere Erlebnisse, gespeichert werden. Haben wir von den Eltern, den „Leitern", einst Informationen erhalten, wie: „Pass auf, der Tisch ist hart und du stößt dir den Kopf daran an", so haben wir nach dreimaliger Erfahrung dies als Wahrheit auf unserer Festplatte abgespeichert. Mit der Zeit wurde dadurch die Materie „fester" und der Glaube daran zu festgefahrenen Programmen. Ich nehme an, dass Teenager ab 13 Jahren darum oft so schwierig und für die Eltern rebellisch erscheinen – sie wehren sich innerlich, die Realität als gültig anzuerkennen. Sie verlieren in diesem Alter das Kindliche, Verspielte und müssen sich neu den äußeren Regeln anpassen.

In diesem Daten-Speicherplatz ist unbewusst alles abgelegt, was wir einst gelernt und verinnerlicht haben. Ein gutes Beispiel ist das Gehen – anfangs mussten wir üben, uns auf zwei Beinen fortzubewegen. Heute machen wir dies automatisch und sind uns nicht bewusst, wie viel unser Prozessor arbeiten muss, um nur einen einzigen Schritt zu bewerkstelligen. Eigentlich ist es unfassbar, was wir alles automatisch vollbringen. Auch wenn wir Auto fahren, übernimmt unser Unbewusstes das Lenken, das Bremsen und das Gasgeben, und wir können davon losgelöst gleichzeitig mit Mitfahrern sprechen. Haben wir uns selbst dafür jemals auf die Schulter geklopft?

Genauso automatisch funktionieren auch unsere Denk- Glaubens- und Verhaltensmuster – sie sind lange unbewusst auf unserer Festplatte abgespeichert. Die tägliche Routine lässt uns daher immer wieder in dieselben Muster, Programme, fallen, wenn wir nicht aufmerksam sind und diejenigen, die uns einengen, realisieren und durch neue, positive Programme ersetzen. Wie im Computer die gelöschte, „verdrängte" Vergangenheit durch Spezialisten wieder sichtbar gemacht werden kann, reicht das berühmte „Positive Thinking" nicht, um die Realität zu verändern. Die verborgenen „Giftzwerge" werden uns immer wieder einholen, wenn wir nicht auch den neuen Programmen entsprechend handeln. Erst das Erleben bringt uns Wissen, welches in unserem Inneren als Wahrheit abgespeichert wird!

Wir alle haben die Erfahrung gemacht, dass der Umgang mit einem neuen Programm anfangs etwas mühsam ist, doch Übung macht den Meister! Wie wichtig ist es also, sich von Altem, Eingefahrenem zu verabschieden und neue Wege zu beschreiten – das Dunkle in uns zu belichten, es anzunehmen und zu realisieren, wie unfassbar großartig wir sind.

Es ist mir heute klar, dass meine damalige Frage nach dem WARUM meinen Willen immer wieder angekurbelt hat, die Antworten auf die Frage nach dem Sinn des Lebens zu finden. Meine Realität von anderer Seite zu beleuchten hat mein Leben so spannend und glücklich gemacht. Ich habe Verantwortung für mich selbst übernommen, habe Vertrauen in mich selbst aufgebaut und mich von einer Marionette zu einer Macherin verwandelt – es ist wunderbar!

Für die großartige Unterstützung meiner vielen Freunde danke ich von ganzem Herzen.

Hervorheben möchte ich das Medium Franziska Huber, das mich auf meine eigenen medialen Fähigkeiten aufmerksam machte und mich zur Veröffentlichung dieses Buches anspornte.

Ebenso danken möchte ich Franziska Schwarzenbach, die mir als Lektorin über ein Jahr lang zur Seite stand, um das Manuskript für die Veröffentlichung zu überarbeiten.

Die Autorin

Die 1947 in Samedan geborene Katia Ricklin verbrachte ihre Kindheit und Jugend in Zürich, wo sie auch die Schule besuchte, die sie mit der Matura abschloss. Ihre Ausbildung beendete sie mit einem Proficiency-Abschluss in Cambridge, zusätzlich absolvierte sie eine Ausbildung zur Sekretärin in Zürich. Nach ihrer Scheidung 1974 war sie bis 1988 als Co-Leitung der Otto Ernst AG tätig. Von 1989 bis 1998 eignete sie sich im Selbststudium ein umfangreiches Wissen über Bachblüten, Tarot, Kristalle und Fotografie an und bot Beratungen und Kurse zu diesen Themen an.
1991 empfing Katia Ricklin die vorliegenden Texte und Bilder medial. 2017 erfolgte der Anstoß zu einer Überarbeitung des Manuskripts und der Veröffentlichung des Buchs.

novum VERLAG FÜR NEUAUTOREN

Der Verlag

Wer aufhört
besser zu werden,
hat aufgehört
gut zu sein!

Basierend auf diesem Motto ist es dem novum Verlag ein Anliegen neue Manuskripte aufzuspüren, zu veröffentlichen und deren Autoren langfristig zu fördern. Mittlerweile gilt der 1997 gegründete und mehrfach prämierte Verlag als Spezialist für Neuautoren in Deutschland, Österreich und der Schweiz.

Für jedes neue Manuskript wird innerhalb weniger Wochen eine kostenfreie, unverbindliche Lektorats-Prüfung erstellt.

Weitere Informationen zum Verlag und seinen Büchern finden Sie im Internet unter:

www.novumverlag.com